Nollaig Ó Gadhra

CUIMHNÍ CAIRDE

NOLLAIG Ó GADHRA

CUIMHNÍ CAIRDE

MÁIRÍN NÍ GHADHRA
A CHUIR IN EAGAR

Cló Iar-Chonnacht
Indreabhán
Conamara

An chéad chló 2017
© Cló Iar-Chonnacht 2017

ISBN 978-1-78444-163-0

Dearadh: Deirdre Ní Thuathail
Dearadh clúdaigh: Clifford Hayes
Íomhá chlúdaigh le Brian Mór Ó Baoighill.

Tá Cló Iar-Chonnacht buíoch de Fhoras na
Gaeilge as tacaíocht airgeadais a chur ar fáil.

Foras na Gaeilge

Faigheann Cló Iar-Chonnacht cabhair airgid
ón gComhairle Ealaíon.

Clóchur: Cló Iar-Chonnacht, Indreabhán, Co. na Gaillimhe.
Teil: 091-593307 **Facs:** 091-593362 **r-phost:** eolas@cic.ie
Priontáil: iSupply, Gaillimh.

do Emer agus Ailbhe
bheadh sé fíorbhródúil

CLÁR

Máirín Ní Ghadhra

NOLLAIG Ó GADHRA
(1943–2008)

Ar an 16 Nollaig 1943 a rugadh Nollaig Ó Gadhra i bhFíonach, Cill Mocheallóg, Contae Luimnigh. Ba é an dara duine clainne ag David Geary as mBoth Ard sa bparóiste céanna agus Hannah Flynn as na Foidhrí in aice le Trá Lí i gContae Chiarraí. Is i Meiriceá a casadh a thuismitheoirí ar a chéile i dtús an fichiú haois.

Feirm dhéiríochta a bhí ag a mhuintir ach ba bheag suim a chuir Nollaig sa gceird; bhí suim thar na bearta aige ón tús i leabhra agus cúrsaí léinn. Le linn a chuid blianta sa scoil náisiúnta i bhFíonach agus sa meánscoil i nDrom Collachair, casadh beirt mhúinteoirí air a mbeadh tionchar mhór acu air ar feadh a shaoil: spreag Derry O'Connell agus Mrs Savage suim sa stair agus sa nGaeilge a d'fhan leis go lá a bháis.

Bhí tionchar freisin ag stair áitiúil an cheantair air agus na scéalta a bhíodh dá gcloisteáil aige faoi eachtraí i gCogadh na Saoirse agus Cogadh na gCarad, go háirithe an bhaint a bhí ag muintir a mháthar, muintir Flynn i gCiarraí, le Cogadh na Saoirse. Ní nach ionadh mar sin gur bhain cuid mhaith dá shaothar féin níos déanaí sa saol leis an tréimhse chorraitheach chinniúnach sin i stair na hÉireann. Bhí tuairimí láidre aige faoi na cainteanna a reáchtáladh agus na socruithe a rinneadh le linn ré Chogadh na Saoirse agus Chogadh na gCarad agus bhunaigh sé a fhealsúnacht pholaitiúil féin ar na tuairimí sin. Ba dhuine polaitiúil é Nollaig, cé nach raibh sé ina bhall riamh d'aon pháirtí polaitiúil. Chuir sé comhairle ar go leor polaiteoirí bunaithe ar an léamh a bhí aige féin ar an stair. Fuair sé aird freisin mar gur thuig daoine go raibh an chomhairle agus ciall cheannaithe an fhir a thuig an *realpolitik* fite fuaite ina chéile. Ní hin le rá gur thaitin a chuid tuairimí leo go minic.

Thaitin leis ina óige a bheith ag éisteacht leis an *wireless* agus ba mhinic leis dul ar a rothar go dtí an Caisleán Nua Thiar agus an Ráth le freastal ar an bpictiúrlann. Go deimhin, blianta ina dhiaidh sin, nuair a chuaigh sé chun freastal ar Ollscoil Harvard ar feadh roinnt míonna i 1969, rinne sé staidéar ar leith ar scannáin na mbuachaillí bó agus an oidhreacht a d'fhág siad.

D'fhreastail sé ar Choláiste De La Salle i bPort Láirge idir na blianta 1960 agus 1962 agus is le linn na mblianta sin ag déanamh staidéir don Ardteist a tharla ceann de na heachtraí is cinniúnaí a bheadh ina shaol nuair a fdírítheadh amach go raibh an diaibéiteas ag dul dó. Is lena linn freisin a chuir sé suim i scéal Éamann Iognáid Rís, agus scríobh sé beathaisnéis bhunaitheoir na mBráithre Críostaí agus Bhráithre na Toirbhearta i 1977.

Rinne sé céim B.A. i gColáiste na hOllscoile Corcaigh sa nGaeilge agus sa Stair, agus níos déanaí sa leabhar seo gheofar léargas ó chuid acu siúd a bhí in éineacht leis i UCC faoin saol a bhí ansin acu. Thosaigh a shuim san iriseoireacht ag an tráth seo freisin agus d'éirigh leis agallamh a chur ar an gcumadóir clúiteach Seán Ó Riada sa mbliain 1965. Ghlac sé páirt ghníomhach i gcúrsaí a bhain leis an nGaeilge agus leis an bpolaitíocht, agus sna blianta seo a thosaigh sé an caidreamh fada a bheadh aige le Conradh na Gaeilge. Luadh sé an tOllamh R. A. Breatnach agus Seán A. Ó Murchú (John A. Murphy mar is fearr aithne anois air) mar dhaoine a raibh tionchar mór acu air le linn a chuid staidéir. Mar chuid den bhaint a bhí aige le cúrsaí Gaeilge sa gcoláiste, bhí sé gníomhach in imeachtaí an Chomhchaidrimh, eagraíocht a bhunaigh na cumainn Ghaelacha sna hollscoileanna éagsúla ar fud na tíre i lár na dtríochaidí ar mhaithe le stádas agus cás na Gaeilge a chur chun cinn. Is é an Comh-chaidreamh a bhunaigh an iris *Comhar* a mbíodh Nollaig ag scríobh inti go rialta ar feadh blianta fada. Ar ndóigh, is as an gComhchaidreamh a d'eascair Gael-Linn agus na chéad iarrachtaí tionscal scannánaíochta i nGaeilge a chur ar bun faoi scáth Dhónaill Uí Mhóráin.

Bhí cion i gcónaí aige ar Chorcaigh agus le linn na mblianta seo freisin chuir sé eolas ar Ghaeltacht Mhúscraí agus an chanúint ab ansa leis ar feadh blianta fada. Le linn bhlianta na hollscoile freisin agus le linn comórtais díospóireachta ar fud na tíre a chuir sé aithne ar chuid mhaith de na cairde a bhí aige an chuid eile dá shaol.

Tar éis a chuid ollscolaíochta, thug sé aghaidh ar Bhaile Átha Cliath agus chuir tús lena ghairm mar iriseoir. I measc na n-eagraíochtaí ar oibrigh sé leo bhí *Inniu* (nuachtán náisiúnta na Gaeilge) agus Raidió Teilifís Éireann, mar léiritheoir. D'fhág sé RTÉ i 1969 nuair a dhiúltaigh an eagraíocht cead a thabhairt dó freastal ar scoil samhraidh a bhí dá reáchtáil in Ollscoil Harvard agus a raibh scoláireacht faighte aige le bheith i láthair aige. Cé go mba mhinic é le feiceáil agus le cloisteáil ar RTÉ, d'fhág an eachtra seo rian air agus bhí sé amhrasach i gcónaí an raibh an eagraíocht ag comhlíonadh a cuid dualgas mar chraoltóir seirbhís phoiblí mar a chreid seisean a ba chóir dóibh.

Le linn a thréimhse i Harvard, chuir sé aithne ar John Kenneth Galbraith, fear a raibh comhfhreagras aige leis ar feadh na mblianta fada agus a dtugadh sé cuairt air aon uair dá mbeadh sé i Meiriceá. D'fhear a raibh an oiread tóir aige ar Ghaeilge, Gaelachas agus traidisiún na bpoblachtánach, bhí an-suim go deo aige i Stáit Aontaithe Mheiriceá agus an cultúr a shamhlófá a bheith coimhthíoch do na rudaí ar chreid sé iontu. Casadh roinnt cairde móra i saol na Gaeilge sna Stáit Aontaithe air le linn na gcuairteanna rialta a thugadh sé thar sáile siar. An príomhchara ina measc, is dóigh, Corcaíoch agus Gael, Barra Ó Donnabháin (go ndéana Dia trócaire air), agus is minic a bhídís i mbun comhfhreagrais faoi pholaitíocht, faoin litríocht agus, ar ndóigh, faoin nGaeilge.

Thosaigh sé freisin le linn na gcuairteanna ar na Stáit Aontaithe ag tabhairt tuairiscí rialta don stáisiún pobail WBAI, ar an gclár *Radio Free Éireann*. Craoltar an clár i Nua-Eabhrac ag am lóin ar an Satharn agus is beag clár acu sin thar thréimhse deich mbliana fichead nach mbíodh Nollaig ag tuairisciú ar scéalta na hÉireann más i stiúideo i Manhattan a bhí sé, nó ar ghuthán ó pé áit a raibh sé ar fud na hÉireann nó ar fud an domhain.

Thosaigh sé i mbun pinn an-luath ina shaol agus foilsíodh an chéad saothar dá chuid, beathaisnéis Mahatma Gandhi, sa mbliain 1969. Sé bliana fichead a bhí sé. Bhí suim aige i saol Gandhi mar go bhfaca sé go leor cosúlachtaí idir scéal na hIndia agus scéal na hÉireann. Chreid sé gur thug Cogadh na Saoirse agus feachtas na nÉireannach ar thóir a gcuid neamhspleáchais i dtús an fichiú haois ugach don fheachtas a raibh baint ag Gandhi leis san India ó 1920 ar aghaidh. Ach an oiread le hÉirinn, rinneadh críochdheighilt san India sa réiteach a mhol an Bhreatain mar fhreagra ar éilimh phobail na tíre: bunaíodh an Phacastáin Thoir agus Thiar faoi acht a raibh dlúthbhaint ag an Tiarna Mountbatten mar oifigeach ón mBreatain leis. Feall-mharaíodh Gandhi i 1948. D'éirigh le Nollaig agus a bhean Máirín turas a thabhairt go Delhi i mbliain an dá mhíle le freastal ar bhainis. Thug siad cuairt ar uaigh Ghandhi, rud a bhí mar aidhm aige ar feadh a shaoil agus murach a shláinte bheith ag teip is cinnte gurbh iomaí saothar a thiocfadh óna láimh faoin méid a chonaic sé sa leagan nua-aimseartha den India.

Le linn na mblianta a chaith sé i mBaile Átha Cliath freisin a casadh Máirín Ní Chonghaile as na hAille in Indreabhán leis. Bhí sise ag obair le Comhdháil Náisiúnta na Gaeilge. Pósadh iad i mí Mheán Fómhair 1970 agus chuaigh siad i mbun tís agus teaghlaigh sna Forbacha i gCois Fharraige. Ceathrar clainne a rugadh dóibh ach cailleadh an chéad mhac nuair nach raibh sé ach seacht seachtainí d'aois i mí Eanáir 1974.

Díol iontais, is dóigh, iad a bheith buailte fúthu chomh gar do chathair na Gaillimhe ach chreid Nollaig go raibh tábhacht freisin ó thaobh chaomhnú agus chothú na Gaeltachta tacaíocht bhreise a thabhairt do leithéid na bhForbacha, ceantar ar imeall na cathrach agus na Gaeltachta a raibh daonra mór ag aistriú isteach ann agus an teanga faoi bhrú síoraí seasta. Gan cosaint do na ceantair imeallacha, dar leis, leanfadh an creimeadh ar an nGaeltacht níos faide isteach ina croí.

Lean sé den scríbhneoireacht agus dhírigh ar bheathaisnéisí i rith na seachtóidí. Meascán soiléir soléite den iriseoireacht agus den taighde staire a bhí sna leabhra, agus roghnaigh sé pearsantachaí a chuaigh i bhfeidhm air féin agus a raibh scéal le n-inseacht fúthu, dar leis.

I 1976 foilsíodh beathaisnéis a scríobh sé faoi John Boyle O'Reilly agus an saol Gael-Mheiriceánach, fear as Droichead Átha i gContae Lú, Fínín, file agus iriseoir. Shroich O'Reilly na Stáit Aontaithe agus Boston tar éis blianta fada príosúnachta, é bheith daortha chun báis agus díbrithe go Fremantle na hAstráile. D'éirigh leis, le cabhair ó shagart áitiúil, éalú agus a bhealach a dhéanamh go Boston, áit a bhfuair sé obair mar iriseoir agus a ndearna sé a mhachnamh faoi thairbhe an fheachtais mhíleata ag an IRB. Mheas O'Reilly gur mó leas a dhéanfadh sé meas an phobail Éireannaigh orthu féin a mhéadú agus cur leis an bhfeachtas ar son an neamhspleáchais ar an mbealach sin. Bhásaigh John Boyle O'Reilly in 1890 ach tá lorg a láimhe fós le feiceáil in áiteacha éagsúla ar fud Massachusetts, agus cathair Boston go háirithe.

An tréimhse chéanna sa stair a bhí mar ábhar ag an mbeathaisnéis a scríobh Nollaig i 1977 faoi Éamann Iognáid Rís. Déiseach as Cill Chainnigh ó dhúchas ab ea Rís a bhunaigh na Bráithre Críostaí agus Bráithre na Toirbhearta. Oideachas a chur chun cinn an aidhm is mó a bhí ag Rís. Fearacht an chuid is mó de mhuintir na hÉireann le linn na bpéindlíthe san ochtú haois déag, bhí an t-oideachas a cuireadh air lochtach ach d'éirigh le Rís dul chun cinn a dhéanamh mar fhear gnó. Nuair a fágadh ina bhaintreach é chuaigh sé i dtreo an chreidimh agus bhí sé ag brath ar bheith ina mhanach sa bhFrainc. Ar chomhairle ó dheirfiúr an easpaig i bPort Láirge, bheartaigh sé gur mó leasa a dhéanfadh sé breathnú amach do ghasúir bhochta an cheantair agus oideachas a chur orthu le cur ar a gcumas saol réasúnta maith a bheith acu.

Ba ghearr gur scaip obair Bhráithre na Toirbhearta ar fud na tíre ach bhí siad faoi smacht go háitiúil ag na heaspaig, rud nár thaitin le Rís. Lorg sé cead an Phápa aitheantas a fháil don ord ionas go mbeadh ar a chumas smacht a chur ar aistriú bráithre ó dheoise go deoise de réir mar a bhí riachtanach d'obair an dá ord. In 1828 a bhunaigh sé na scoileanna i Sráid Richmond i mBaile Átha Cliath, ceanncheathrú an oird ar feadh na mblianta fada. Is minic a théitear amú idir Bráithre Críostaí na hÉireann agus Bráithre De La Salle, a thugann bráithre Críostaí orthu féin freisin. Níl aon amhras ach gurbh iad na blianta i gColáiste De La Salle i bPort Láirge a spreag suim Nollaig in Éamann Iognáid Rís.

Teaghlach conspóideach atá luaite le go leor eachtraí i stair na Stát Aontaithe iad muintir Daley i Chicago. Glactar leis go forleathan go bhfuil an bheathaisnéis a scríobh Nollaig ar Richard J. Daley, a chaith bliain agus fiche ina mhéara ar an gcathair, cuimsitheach. Bhí dlúthcheangal ag muintir Daley leis an bPáirtí Daonlathach sna Stáit Aontaithe agus le muintir Kennedy. Is iomaí scéal atá le n-inseacht faoin tionchar a bhí ag Richard J. Daley ar thoghcháin éagsúla agus vótaí John F. Kennedy sa toghchán cáiliúil i 1960 in aghaidh Richard Nixon. Mar is eol d'aon duine a bhfuil eolas acu ar chóras toghchánaíochta Mheiriceá, ní bunaithe ar líon na vótaí sna boscaí a bhíonn torthaí na dtoghcháin uachtaránachta ach bunaithe ar líon na dtoscairí sa gcoláiste toghcháin, agus bhí farasbarr soiléir ag Kennedy – bhí 303 toscaire aige in aghaidh an 269 a bhí ag Nixon, ainneoin ar dúradh!

Bhí Daley fós ina mhéara i ndeireadh na seascaidí le linn bhlianta corraitheacha an fheachtais chearta sibhialta agus is i Chicago a bhí comhdháil náisiúnta na nDaonlathach i 1968, an bhliain ar feallmharaíodh Bobby Kennedy agus Martin Luther King. B'in an bhliain chéanna ar cuireadh dlús le feachtais chearta sibhialta anseo in Éirinn freisin.

Sna blianta corraitheacha céanna sin nuair a phléasc an foréigean ar shráideanna Thuaisceart Éireann arís, ba mhinic le Nollaig agus an teaghlach cuairt a thabhairt ar Thuaisceart Éireann. Bhí an-luí aige le mianta an phobail náisiúnaigh a bhí go mór faoi chois, dar leis, agus rinne sé go leor sna blianta a lean le haird a tharraingt ar an gcruachás ina raibh siad. Thug sé féin agus a bhean óstachas do roinnt páistí óga as Doire faoi scéim ina dtugtaí ó dheas iad le sos a fháil ón bhforéigean ar bhí ar na sráideanna ina dtimpeall sa mbaile. Sa mbliain 1984 foilsíodh anailís dá chuid ar chúrsaí polaitiúla i dTuaisceart Éireann, *Guth an Phobail*. Ba é seo an chéad leabhar de shraith leabhra a d'fhoilsigh sé a raibh baint acu le stair an Stáit agus na Sé Chontae san oirthuaisceart. 'Teip an daonlathais in oirthuaisceart na hÉireann' fotheideal an leabhair ina ndearna sé scagadh agus iniúchadh ar na cúiseanna, dar leis, go raibh an foréigean fós chun cinn sa bhfeachtas teacht ar réiteach polaitiúil. Tá cur síos sa leabhar ar na hiarrachtaí éagsúla le córas polaitiúil a bhunú agus teacht ar réiteach i dTuaisceart Éireann agus, tráthúil go leor, ó tá comhthionól dá leithéid bunaithe anois faoi Chomhaontú Aoine an Chéasta, tá argóint láidir sa leabhar ar son córas a bheadh bunaithe ar ionadaíocht chionmhar nó *PR*.

Chuir blianta na stailceanna ocrais agus feachtas na bpríosúnach isteach go mór ar Nollaig. Bhí baint aige féin agus a bhean le heagrú ócáide le hairgead a bhailiú d'fheachtas toghchánaíochta Bobby Sands nuair a sheas sé i dtoghchán Westminster i 1981. Ar ndóigh, d'éirigh le Sands an suíochán a ghnóthachtáil ach bhásaigh sé go gairid ina dhiaidh sin. Toghadh Owen Carron, a bhí mar stiúrthóir toghchánaíochta ag Sands, sa bhfothoghchán i mí Lúnasa na bliana sin agus arís san olltoghchán a lean i 1983.

Torthaí an olltoghcháin sin agus an méid a bhí le tuiscint astu a bhí mar ábhar ag *Ríocht Roinnte*, saothar a foilsíodh i 1985. Mar ba dual do Nollaig agus a thuiscint ar an bpolaitíocht, chonaic sé na ceachtanna a bhí le foghlaim. Thuig go leor go raibh tábhacht ar leith le feachtas na stailceanna ocrais ach is beag seachas iad siúd a bhí gafa leis a chonaic go raibh straitéis nua dá múnlú ag sciar de Shinn Féin a thuig go raibh cumhacht acu anois mar pháirtí polaitiúil. Toghadh Gerry Adams ina fheisire parlaiminte in Iarthar Bhéal Feirste den chéad uair in olltoghchán 1983 agus an bhliain chéanna tháinig sé i gcomharbacht ar Ruairí Ó Brádaigh mar uachtarán ar Shinn Féin. Ba ghearr ina dhiaidh sin, ainneoin tromlach mór a bheith ag Margaret Thatcher agus na Caomhaigh i Westminster, go raibh cainteanna, cruinnithe agus comhairliúchán go leor ar siúl ar mhaithe le fadhb an Tuaiscirt a réiteach.

Bhí baint lárnach ag Nollaig freisin leis na feachtais le haird a tharraingt ar scéalta na bpríosúnach a ciontaíodh san éagóir sa mBreatain le linn na seachtóidí, agus bhí cás dheirfiúracha Mhic Giolla Easpaig as Gaoth Dobhair mar ábhar ag ceanna dá chuid leabhra, *Girseacha i nGéibheann*. Le linn na bhfeachtas seo chuir sé aithne ar an tSiúr Sarah Clarke as Dún an Uchta a rinne obair éachtach ar son na bpríosúnach sa mBreatain agus lean sé den chairdeas idir é féin agus Breandán Mac Lua, foilsitheoir an *Irish Post*. Le linn na mblianta sin freisin bhí comhfhreagras rialta aige leis an gCairdinéal Tomás Ó Fiaich, fear a raibh an-mheas aige air i gcónaí. Ba mhinic linn mar theaghlach cuairt a thabhairt ar Ara Coeli – bhíodh uachtar reoite ann i gcónaí! Chuir Nollaig aithne sna blianta sin freisin ar Ken Livingstone, fear a chaith blianta ina mhéara ar Londain agus atá fós ina bhall sinsearach de Pháirtí an Lucht Oibre sa mBreatain. Ag obair ar bheathaisnéis Livingstone a bhí sé nuair a bhásaigh sé.

Chuir cinneadh Shinn Féin ag an ard-fheis i mBaile Átha Cliath i 1986 éirí as a bpolasaí gan glacadh le suíocháin sa Dáil díomá air. Chreid sé i gcónaí nár cheart aitheantas a thabhairt do phoblacht na hÉireann i gcomhthéacs an fheachtais a bhain le neamhspleáchas na tíre. D'fhág sé an ard-fheis an trathnóna geimhridh sin in éineacht leis an dream a bhunaigh Sinn Féin Poblachtach faoi cheannas Ruairí Uí Bhrádaigh. Bhí aithne aige ar go leor de na pearsain ba shinsearaí agus ba mhó tionchar i ngluaiseacht na bpobláchtánach le linn na seachtóidí: Seán Mac Stíofáin, Daithí Ó Conaill agus go leor nach iad. Bhí na fir seo lárnach in iarracht réiteach a dhéanamh i 1974 sa bhFiacail i gContae an Chláir agus atá mar ábhar ag an leabhar *Margáil na Saoirse* a foilsíodh i 1988. Tá mionchur síos sa leabhar ar na moltaí a tháinig ón dá thaobh sna cainteanna agus léargas go raibh ceisteanna a tháinig chun cinn sna cainteanna ar Chomhaontú Aoine an Chéasta beagnach cúig bhliana fichead ina dhiaidh sin – ceist na bpríosúnach, mar shampla – lárnach san iarracht seo freisin.

Ba poblachtánach go smior é agus suim ar leith aige sa gcéad agus sa dara Dáil. Chaith sé go leor ama leis an nGinearál Tom Maguire as an gCrois i gContae Mhaigh Eo a bhí mar cheannasaí ar an IRA san iarthar agus nár ghéill riamh do Dháil Éireann mar rialtas na tíre. Toghadh é féin chun na Dála i 1921 i Maigh-Eo Theas – Ros Comáin Theas. Is tríd an obair a rinne sé ar an gcéad Dáil a chuir Nollaig aithne ar Tom Maguire, agus foilsíodh saothar dá chuid, *An Chéad Dáil Éireann (1919–1921) agus an Ghaeilge*, i 1989.

Cé nár chreid sé sa gcríochdheighilt, ná go bhféadfadh aon réiteach ar chúrsaí i dTuaisceart Éireann a thabharfadh aitheantas don chríochdheighilt – an 'fhadhb bhunreachtúil' sa tír – a leigheas, ba mhinic sna blianta ina dhiaidh sin é i mbun comhfhreagrais agus ag cur comhairle ar Albert Reynolds. Bhí an-mheas go deo aige ar Reynolds agus a chomhairleoir Martin Mansergh agus a gcuid iarrachtaí i bpróiseas na síochána. Is beag duine a thuigeann chomh mór agus a bhí sé féin agus Albert lena chéile, mar gur thaitin an leagan amach praiticiúil a bhí ag Nollaig le Reynolds. Bhí sé de cháil air go mbíodh sé i mbun comhfhreagras rialta le polaiteoirí agus iriseoirí araon agus ba mhinic beartanna móra faoi chlúdach litreach a bheith le dáileadh againn ar a shon.

Ní bréag a rá go bhfuil saibhreas sna leabhra seo ar fad agus eolas go leor do scoláirí atá i mbun staidéir ar fhorbairt phróiseas na gcainteanna i dTuaisceart Éireann. Is minic a dúradh leis gur mó i bhfad aitheantas a gheobhadh a chuid oibre dá mbeadh sé sásta a chuid leabhra a fhoilsiú i mBéarla. Ní raibh bealach ar bith faoin spéir go ndéanfadh sé a leithéid. Cúl le cine a bheadh ann, dar leis, a bheith gníomhach ar son cearta agus stádais don Ghaeilge agus ansin droim láimhe a thabhairt di ar mhaithe le haitheantas pearsanta.

I dtús na seachtóidí chaith Nollaig sealanna ag obair mar oifigeach eolais nó cumarsáide le Gaeltarra Éireann agus Fáilte an Iarthair sular thosaigh sé ag obair mar léachtóir i gColáiste Teicniúil Réigiúnach na Gaillimhe i 1974. Bhíodh sé ag plé le cúrsaí cumarsáide, staidéar Eorpach agus Gaeilge ina chuid cúraimí ansin agus is ann a bhí sé go deireadh a shaol oibre – d'éirigh sé as luath de dheasca fadhbanna sláinte. Bhí dlúthbhaint aige le bunú an chúrsa staidéar gnó trí mheán na Gaeilge ar fhreastail na mílte mac léinn as ceantair Ghaeltachta ar fud na tíre air.

B'fhacthas dó gur cheart dúinn mar stát agus mar phobal eolas níos fearr a chur ar chúrsaí Eorpacha. Bhí sé amhrasach faoi mhianta an Aontais Eorpaigh ach chonaic sé na suáilcí a bhain leis freisin. Ba mhinic leis dul ar chuairteanna eolais go dtí institiúidí an Aontais, go háirithe Parlaimint na hEorpa i Strasbourg. Thug sé a chéad chuairt ar na hinstitiúidí sa mBruiséil agus i Lucsamburg i 1968, ceithre bliana sular ghlac Éire ballraíocht sa gcomhphobal. Foilsíodh an leabhar *Éire agus Polaitíocht na hEorpa* i 1986, agus roinnt blianta ina dhiaidh sin, i 1990, d'fhoilsigh sé a chuid anailíse ar an méid a chiallódh Conradh Maastricht a bhunaigh an tAontas Eorpach i 1992, ar an nGaeltacht oifigiúil.

Cé gur fhoghlaim sé Gaeilge mhaith, níorbh aon teangeolaí é, ainneoin go leor cúrsaí a bheith déanta aige i dteangacha éagsúla, an Bhreatnais agus an Pholainnis ina measc. Spreag bunadh S4C a shuim sa mBreatnais agus an chaoi a ndearnadh beart sa mBreatain Bheag le borrradh a chur an athuair faoin teanga.

Ar feadh an ama, bhí an peann gníomhach, agus scríobh sé réimse leathan leabhra agus altanna ar ábhair éagsúla idir stair, pholaitíocht agus bheathaisnéisí. Bhí ailt i gcló aige go minic sna nuachtáin agus in irisí mar *Éire-Ireland, An tUltach, Feasta* agus *Comhar*. Tráth a mbíodh sé ag ceartú pháipéir scrúdaithe an tsamhraidh ón gcoláiste i mí an

Mheithimh chuile bhliain, ba mhinic leis freisin bheith ag ceartú scripteanna agus ag promhadh leabhra.

Aisteach go leor, ainneoin a sheasaimh dhiongbháilte gur i nGaeilge a bheadh a chuid saothar i gcónaí, is i mBéarla a bhí an leabhar deiridh a d'fhoilsigh sé, *The Civil War in Connacht*, a foilsíodh i 1999, bunaithe ar nótaí J. J. Waldron as Tuaim, a throid é féin sa gCogadh Cathardha. Theastaigh uaidh cáipéisí Waldron a chur os comhair an tsaoil le léiriú nach taobh le Baile Átha Cliath agus Poblacht na Mumhan amháin a bhí imeachtaí an Chogaidh Chathartha. D'oibrigh sé go dlúth le David Burke ó nuachtán an *Tuam Herald* ar an leabhar áirithe sin.

Fuair sé seilbh freisin ar cháipéisí agus nithe eile a bhain le Jim Daly, as Cill Bheagáin i gContae na hIarmhí, saighdiúir de chuid na Connaught Rangers in arm na Breataine a bhí ar dualgas san India i 1920 agus a chuaigh i mbun ceannairce mar agóid in aghaidh iompar an airm in Éirinn. Daoradh ceathrar déag den bhuíon chun báis agus ba é Daly as Contae na hIarmhí an t-aon duine ar cuireadh an pionós i bhfeidhm air. Cuireadh chun báis é i bpríosún Dagshai i dtuaisceart na hIndia i mí na Samhna 1920. B'údar mór bróid do Nollaig an páidrín agus an leabhar urnaí a bhí ag Daly an lá sin a bheith ina sheilbh, bronnta air ag muintir Daly.

Scéal eile a bhí mar ábhar fiosrachta dó ná cás George Plant, Protastúnach as Tiobraid Árann ar dhaor an stát chun báis é i 1942, fear a bhí gníomhach san IRA i 1916, i gCogadh na Saoirse agus sa gCogadh Cathardha, agus a chaith tréimhse sna Stáit Aontaithe sular fhill sé ar Éirinn.

Chreid Nollaig go diongbháilte gur chóir nithe a chaomhnú agus a bheith coinnithe don taifead staire. Rinne sé féin na scórtha agallamh le pearsain éagsúla ar fud na tíre ar mhaithe leis na scéalta a bheith coinnithe. Ina measc siúd ar cuimhin liom é bheith ag caint leo bhí an t-iar-Thaoiseach Jack Lynch, Bernadette Devlin McAliskey, an Ginearál Tom Maguire agus Stephen Fuller (an t-aon fhear a tháinig slán ó shléacht Bhaile Uí Shíoda i gCiarraí le linn Chogadh na Saoirse.) Ba dlúthchuid d'aon saoire teaghlaigh cuairt a thabhairt ar leachtanna cuimhneacháin, ar shearmanas comórtha i mBéal na Blá, ar an áit i sléibhte Chnoc Mhaoldomhnaigh ar gabhadh an ceannaire poblachtach Liam Lynch, ceann feadhain an IRA nuair a bhásaigh sé.

Thug Nollaig ugach d'athair a chéile, Seán Ó Conghaile (1903–1996), an méid scríbhneoireachta a bhí déanta aige féin ó na caogaidí i leith a chur in eagar, agus foilsíodh an leabhar *Cois Fharraige le mo linnse* i 1974. Thuig sé saibhreas an tseanchais agus an bhéaloidis a bhí sna scéalta agus an baol gur gearr go mbeadh an saibhreas sin ligthe i ndearmad go brách.

Fiosracht, is dóigh, ba bhun agus barr leis an tsuim a léirigh sé in go leor eachtraí. D'aithníodh sé an scéal freisin agus tábhacht an scéil in go leor eachtraí. Inár bpáistí labhair sé linn faoin tubaiste a bhain d'fhoireann Manchester United agus iad ag iarraidh Munich a fhágáil sa sneachta i 1958. Ba chuimhin leis a bheith ag éisteacht sa mbaile leis na tuairiscí ar an BBC World Service faoin tubaiste agus bhí luí aige leis an bhfoireann ar feadh blianta ina dhiaidh sin agus an obair a rinne Matt Busby leis na fir óga a mhair a thabhairt le chéile mar fhoireann bhuacach. Chuir mise mar dhéagóir i 1984 suim ar leith sna Cluichí Oilimpeacha i Los Angeles agus bhínn ag fanacht i mo shuí ó oíche go maidin ag faire ar imeachtaí éagsúla. D'fhan sé in éineacht liom ar an oíche dheiridh ag na cluichí nuair a ghnóthaigh an Déiseach John Treacy bonn airgid sa maratón ar son na hÉireann. Seachtain ina dhiaidh sin agus muid ar saoire i Rinn Ó gCuanach thaistil muid ar fad go dtí an Baile Nua, áit dúchais Treacy, le fáilte a chur abhaile roimhe. Tábhachtach, arís, don taifead.

Cheistíodh sé muid i gcónaí faoi fhorbairtí teic-neolaíochta. Bhain sé solamar ar leith as an mbosca Sky sna blianta deiridh – de bharr a shláinte a bheith ag teip chaitheadh sé go leor ama ag faire na teilifíse agus go háirithe leithéidí Sky agus Fox News – nach iomaí argóint a bhí aige le Bill O' Reilly faoi pholaitíocht na Stát Aontaithe!

Ba mhinic le Nollaig duaiseanna Oireachtais a ghnóthachtáil as a chuid saothar agus bhuaigh sé duais Litríochta Butler ó Institiúd Cultúrtha na nGael-Mheiriceánach i 1982. Labhair sé ag an gCollóiciam i Harvard in 2004 faoina raibh i ndán don phobal Gaeltachta san aonú haois agus fiche. Comhdháil sa léann Ceilteach atá sa gCollóiciam a bhunaigh beirt mhac léinn i Harvard i 1980 ina dtugtar deis do scoláirí as chuile chearn den domhan léargas a thabhairt ar an staidéar atá déanta acu ar ghnéithe éagsúla den léann Ceilteach. Seo a leanas an léargas a thug sé ar staid na Gaeltachta i gceann de na píosaí deiridh a foilsíodh leis:

. . . please, please remember that you may well wake up some morning at some future date when you are back in Ireland again and find that living vernacular Irish in the traditional Gaeltacht communities may have gone the way that Manx went over a century ago. There is no point then recording the last few native Irish speakers in this or that parish for this or that university or achive project. Beatha teanga í a labhairt. Buanú teanga í a scríobh. Beacht teanga í a bheith le cloisteáil ar bheola sean agus óg i dteaghlaigh agus i gcomhluadair dhaonna even if they do watch international television and holiday in Spain regularly. I call on all scholars, linguists, sociologists, socio-linguists and all who can help in any way to focus on this Irish problem. (*Proceedings of the Harvard Celtic Colloquium, Volume XXIV, 2004* (Harvard University Press, 2009)).

Ba mhinic le cloisteáil ar na meáin chumarsáide é agus go háirithe i mblianta tosaigh Raidió na Gaeltachta. Tá cuimhne fós ag daoine ar an spraoi a bhain le cláracha toghchánaíochta 1977 nuair a bhí sé féin agus Mícheál Ó Móráin as Carna in adharca a chéile ar chlár an chomhairimh – troid na mba maol, ar ndóigh. Bhí sé de cháil air freisin go mbíodh sé in ann a chuid cainte a thomhas go díreach, agus más agallamh cúig nóiméad a bhí i gceist gur cúig nóiméad nó cúpla soicind lena chois a bheadh ina chuid cainte.

Bhí sé thar a bheith bródúil as an mbaint a bhí aige leis an bhfeachtas le Teilifís Gaeilge / Gaeltachta a bhunadh. D'ainmnigh an t-aire Gaeltachta Michael D. Higgins mar bhall de chomhairle bhunaithe na teilifíse é i 1996. Thuig sé tábhacht na teilifíse agus na teicneolaíochta trí chéile agus bhí sé den tuairim go mbeadh dlúthbhaint ag a leithéid le borradh a chur faoin teanga, go háirithe i measc na hóige.

Ar feadh an ama lean sé den chruinniú: taifeadtaí, cáipéisí, nuachtáin agus scéalta. Ní raibh polaiteoir sa tír nach raibh cráite aige le litreacha agus bearta cáipéisí. Scéalta a mheas seisean ar cheart a bheith i mbéal an phobail nó cinnte 'ar an taifead'.

Toghadh mar uachtarán é ar Chonradh na Gaeilge i 2004,

gradam a d'úsáid sé le stádas na Gaeilge san Aontas Eorpach a bhrú chun cinn. Bhronn an tAontas stádas mar theanga oifigiúil ar an nGaeilge i 2007 ach ní baileach go bhfuil an scéal sin iomlán réitithe go fóill. Cuireadh maolú leis an stádas ó shin i leith mar nach raibh – dar le foinsí oifigiúla na tíre seo – dóthain acmhainní ná daoine ar fáil le tabhairt faoin ualach oibre a bheadh i gceist leis an nGaeilge a bheith mar theanga oifigiúil oibre san Aontas Eorpach. I mí na Nollag 2015 d'fhógair Comhairle na hEorpa go mbeadh deireadh iomlán á chur acu leis an maolú i 2022, agus tá sé tugtha le fios ag an rialtas go mbeidh cúngú dá dhéanamh ar an maolú de réir a chéile idir seo agus 2021 – ábhar mór mórtais a bheadh ansin dó! Bhí a shaol caite ag Nollaig le hobair an Chonartha agus chreid sé bunaithe ar fhís laochra na Cásca go gcaithfeadh an Ghaeilge a bheith lárnach i ngach gné de shaol na tíre. Bhí sé thar a bheith bródúil as obair an Chonartha agus ní raibh aon ghlacadh aige riamh leis an dearcadh gur eagraíocht do Ghaeilgeoirí na cathrach nach raibh aon cheangal acu leis an nGaeltacht a bhí inti.

Sna blianta ina dhiaidh sin bhí sé as a shláinte go minic, agus bhí sé i gcathaoir rothaí agus an dá chois caillte aige i 2007 nuair a bhronn aire oideachais na linne, Mary Hanafin, Gradam an Phiarsaigh air, gradam a bhronntar ar dhaoine a aithnítear le luacha agus fís an Phiarsaigh. Ainneoin an tinnis agus an méid a d'fhulaing sé sna blianta deireanacha, bhí an intinn chomh gléigeal soiléir i gcónaí agus bhí sé síoraí seasta ag caint ar an nguthán mar go raibh na súile ag teip. Cá bhfios céard a bheadh déanta aige le Facebook agus Twitter nuair is eol d'aon duine a raibh aithne acu ar an méid úsáide a bhaineadh sé as an nguthán póca!

Bhásaigh Nollaig go tobann ar an 13 Lúnasa 2008 ina

theach cónaithe sna Forbacha. Maireann a bhean Máirín agus triúr clainne, Máirín, Daithí agus Siobhán, chomh maith le clann a chlainne, Eimear, Ailbhe, Síofra, Ríona, Naoise agus Odhrán.

MICHAEL GEARY

Tá a shaol caite ag Michael Geary, deartháir Nollaig, ar fheirm a mhuintire i bhFíonach, Contae Luimnigh. Is é is óige den triúr clainne a bhí ag David agus Hannah Geary. Bhásaigh Mary Geary, a ndeirfiúr, an duine is sine sa gclann, sa mbliain 2010. Feirmeoir déiríochta ab ea Michael nó gur éirigh sé as an talmhaíocht lánaimseartha. Tá suim mhór aige sa gceol tíre agus sa sacar agus tá sé gníomhach leis an gcumann áitiúil, Bluebell United.

MY OLDER BROTHER NOEL

Noel was my older brother by three years. My earliest memories of him are very consistent with his later adult character. Noel was very intense as a child, had very strong views and quite a domineering personality. He never relaxed or sat down and as we grew older he slept little and could be heard pounding on his typewriter at all hours. Noel liked to get his own way and was prone to tantrums if situations were not to his liking.

Most of my childhood and teenage memories of Noel revolve around reading, studying and writing. In both primary and secondary school he excelled academically and enjoyed pitting himself against others similarly gifted, the most prominent of these being the journalist Vincent Browne who was in the same class as Noel in St. Marys, Dromcollogher. However, he did have occasional forays outside academia. Around the ages of eight or nine he was responsible for the pig rearing and feeding on the farm and he also had a great affection for the family donkey.

As he grew older he had the usual interests of boys his age. He would cycle to the cinema in Charleville and was an avid listener to Radio Luxembourg. However these were only ever phases and he always returned to more serious matters. By his teenage years all matters Irish, cultural, political and historical, had become his focus.

Although neither of our parents spoke Gaelic, Noel had a great affinity with the Irish language from a very young age. I believe this can be traced back to the influence of his primary school teacher Danny O'Connor, who taught from infants up to first and second class in the local school. Danny O'Connor had a great love for the language and great emphasis was placed upon it. He even had an 'Irish day' each week in which everything was taught through the medium of Irish and all were expected to speak *as Gaeilge* all day. This love affair deepened as Noel grew older and manifested itself in many ways including subscribing to the Irish language publication *Inniu* and having the dream of living in the Gaeltacht and marrying a native Irish speaker!

Running parallel to his love of the Irish language, Noel also held strong republican views from early childhood. Our mother Hannah, of whom Noel was the undoubted favourite, greatly influenced him in this area. Hannah, from Firies in Co. Kerry, came from a very strong republican family and had two brothers, James and John, who were involved in the civil war. James in particular was a high serving member of the IRA and commander of the Irregulars in Kerry.

Our mother was very proud of her family's republican heritage and regaled us with tales that no doubt coloured Noel's outlook. I remember her telling us about raids on their family home by Free State soldiers and gun searches where her brother was threatened up against the wall. Luckily guns were not found but my mother had no doubt that had arms been discovered it would have meant certain death for James.

Another story I vividly remember concerns my mother and others as children on the way home from school being told to lie in the ditch if the Killarney train passed to avoid being shot at by the Free State soldiers. Although these stories undoubtedly influenced Noel the child, he also delved deeply into Irish history as he matured and saw the republican viewpoint for himself. This gradually expanded into befriending Sinn Féin members and writing articles for republican publications. The only newspaper he would read was *The Irish Press*.

Another characteristic of Noel's that was evident in later years, his odd relationship with food, was also present as a child. He was a very contrary, fussy eater. He ate very little meat, only some white meat like chicken. He wouldn't eat eggs but loved cheese. In his final year of school he began to lose shocking amounts of weight, his hair began falling out and he began drinking huge quantities, especially of anything sugar laden. In hindsight it was quite obvious that diabetes was the diagnosis but my parents were convinced for a time that he had cancer. When he was diagnosed with type 1 diabetes he began a life long regime of self medicating and testing and it was actually Noel who discovered that our mother Hannah also had type 2 diabetes.

Noel left Kilmurry to attend boarding school in De La Salle College Waterford in 1960 and thereafter never returned to live on a permanent basis in Feenagh. He did, however, visit on a regular basis and particularly with his young family during the seventies. He asked and inquired regularly about local characters and struck up correspondence with some local political activists.

The visits became less frequent as his health deteriorated

but he always maintained contact with home, as he continued to call Killmurry, and also a fierce pride in calling himself a Limerick man.

GEARÓID Ó TUATHAIGH

Ollamh Emeritus le stair. Ball den Chomhairle Stáit. Údar agus tráchtaire. Luimníoch. Fear ildánach léannta ach, thar aon ní eile, cara ó bhlianta na hollscoile i leith.

I GCOMHARTHA CAIRDIS

Casadh Nollaig Ó Gadhra orm den gcéad uair in earrach na bliana acadúla 1962–3. Bhí an bheirt againn páirteach in imeachtaí idir-ollscoile a bhain leis an nGaeilge agus leis an stair, eisean ina mhac léinn i gCorcaigh agus mise sa chéad bhliain dem chúrsa acadúil i nGaillimh. Comórtais agus tionóil díospóireachta agus drámaíochta i nGaeilge – faoi choimirce an Chomhchaidrimh – is mó a thugadh le chéile na cumainn Ghaeilge sna hollscoileana éagsúla. De réir mo chuimhne, bhí Eoghan Harris, Donnchadh Ó Corráin, Pádraig Ó Riagáin agus Eiléan Ní Chuilleanáin ar na 'réalta' eile a bhíodh gníomhach sna cumainn Ghaeilge agus staire cois Laoi sna blianta a chaith Nollaig ann ag saothrú céime sa stair agus sa Ghaeilge.

Chomh maith leis an spéis a léiríomar beirt sa stair mar ábhar acadúil, níor thóg sé i bhfad orainn cáilíochtaí coiteann eile a aimsiú: ba Luimnígh an bheirt againn (mise ón gcathair, Nollaig ón bhFíonach) agus, lasmuigh ar fad den saothrú acadúil, ba chás leis an mbeirt againn staid agus dán na Gaeilge mar theanga bheo. Snaidhmeadh cairdeas eadrainn, cairdeas a lean go dtí lá a bháis.

Leis an spéis a bhí ag Nollaig i ngach gné de 'chúis' agus

de phobal na Gaeilge (spéis a bhláthaigh go luath ina shaol agus nár imigh i léig riamh), chuir sé aithne de réir a chéile ar Ghaeilgeoirí a bhí gníomhach i ngluaiseacht na teanga (idir sheanfhondúirí agus díograiseoirí óga) i ngach cúinne den Mhumhain agus, ina dhaidh sin, i ngach cúinne den dtír. Bíodh is go raibh cur amach cuíosach maith agamsa ar Ghaeilgeoirí na Mumhan (bhí mo mhuintir romham gníomhach i saol na Gaeilge), ní fhéadfadh éinne an gréasán teagmhálacha (agus tagartha) a bhí ag Nollaig a shárú, go fiú agus é fós ina fhear óg. Ar ndóigh, chuaigh an gréasán sin chun nirt agus fairsinge sna blianta i ndiaidh na céime, nuair a thosaigh sé ag saothrú a bheatha in earnáil na heagarthóireachta, na hiriseoireachta agus na craoltóireachta – le FNT agus *Inniu* i dtosach, ansan le RTÉ. Tar éis seal a chaitheamh i Harvard, d'fhill Nollaig ar Éirinn agus ar Chonamara ag tús na seachtóidí, ag obair ar feadh tamaill le Gaeltarra Éireann agus le Ireland West, anuas go dtí 1974 nuair a ceapadh é ina léachtóir le cumarsáid agus an léann Eorpach i gColáiste Teicniúil Réigiúnach na Gaillimhe (GMIT mar atá inniu air). Chaith sé sé bliana is fiche ag obair sa choláiste sin nó go ndeachaigh sé amach ar pinsean ag tús na mílaoise nua, beagáinín luath de bharr cúinsí sláinte.

An cineál oibre lenar thosaigh sé, áfach – eagarthóireacht, iriseoireacht, craoltóireacht agus réimse leathan na cumarsáide agus na meán, móide saothrú na staire agus na Gaeilge mar phríomhábhair – níor fhag sé slán riamh ag an obair sin. Ach an saineolas a bhí aige sna réimsí éagsúla cumarsáide (a raibh idir theoiric agus taithí phraiticiúil laistiar de), bhí sé á mheas, agus á mhíniú aige dá chuid mac léinn ar feadh breis is scór bliain, agus stair agus léann na hEorpa á saothrú aige ina chuid foilseachán agus ina chuid léachtaí.

Phós Nollaig Máirín Ní Chonghaile sa bhliain 1970. Bhí Máirín ina compánach dílis agus ina taca daingean aige uaidh sin amach; ach, thairis sin, bean láidir mheabhrach í Máirín, a fáisceadh as dúchas saibhir Gaeilge Chois Fharraige. Bhí cáil ar a hathair mar scríbhneoir, mar shár-chainteoir agus údar ar an nGaeilge, agus mar thráchtaire ar stair agus ar bhéaloideas a cheantair dhúchais féin. Bhí ardmheas ag Nollaig air agus ba tríd, cuid mhaith, a shealbhaigh Nollaig dúchas Ghaeltacht Chonamara.

Chaitheas féin na blianta 1968–71 i Sasana, agus an choimhlint ar son cearta sibhialta i dTuaisceart Éireann iompaithe chun bruíne. Tar éis dom filleadh ar Ghaillimh ag deireadh na bliana 1971, dhaingnigh an cairdeas le Nollaig an athuair. Chastaí ar a chéile sinn ag imeachtaí an Chonartha agus Gael-Linn, ag cruinnithe agus léachtanna, nó ag an Oireachtas (chaitheas féin seal gearr ar choiste an Oireachtais, thug Nollaig seirbhís fhada dó). De réir mar a mhéadaigh ar theaghlaigh na beirte againn, chastaí ar a chéile sinn go sóisialta ag imeachtaí de chuid na dteaghlach Gaelach. Ar feadh na mblianta chaitheadh Nollaig agus Máirín agus na gasúir seachtain sa Rinn ag Daonscoil na Mumhan, agus thugainn cuairt ar an nDaonscoil ó thráth go chéile. Ó dheireadh na seachtóidí bhíodh an bheirt againn páirteach i gcláracha speisialta ar Raidió na Gaeltachta aimsir thoghcháin. Bhíodh fáilte romham i gcónaí pé uair a mbuailfinn isteach ag Nollaig agus Máirín sna Forbacha agus mé ag cuartú leabhair nó tagairtí. Agus, ar ndóigh, ar feadh an ama, bhíodh an bheirt againn ag freastal ar imeachtaí Gaeilge agus staire ar bhonn leanúnach – ag éigsí, scoileanna samhraidh agus ócáidí eile den chineál céanna.

Ag seanchas – agus ag argóint – a bhímis, faoi leabhra

staire, faoi staraithe, agus faoi staid na polaitíochta reatha. Má ba é cás na hÉireann an chéad chloch ar a pháidrín ag Nollaig, bhí spéis aige i gcúrsaí an domhain mhóir agus machnamh déanta aige ar na buncheisteanna a bhain le gnóthaí idirnáisiúnta, le polaitíocht Mheiriceá, leis an náisiúnachas mar idé-eolaíocht i stair na hEorpa, le stair and struchtúr an Aontais Eorpaigh, le cás príosúnaigh i ngéibheann.

Laistigh agus lasmuigh d'Éirinn bhí gréasán teagmhálacha ag Nollaig a bhí dochreidte ar fad: státairí (taoisigh agus airí), polaiteoirí, státseirbhísigh, údair, iriseoirí agus craoltóirí, daoine as gach aicme den saol a raibh scéal suimiúil le hinsint acu. Ag an Harvard Seminar nó ag an Salzburg Seminar nó ag comhdhálacha den uile chineál rinne sé teagmháil le daoine (agus le smaointe) spéisiúla, chuaigh sé i gcion ar dhaoine, agus choinnigh sé na teagmhálacha sin ag imeacht ina dhiaidh sin: bhí mír aige ar feadh i bhfad ar chlár raidió rialta i Nua-Eabhrac, bhí dlúthchairdeas idir é agus leithéidí Eoin McKiernan, J. Bowyer Bell agus mórán eile. Bhí comh-fhreagras agus ceangal aige ar feadh na mblianta leis an eacnamaí cáiliúil J. K. Galbraith (agus b'údar maíte ag Nollaig an scúp a bhí aige nuair d'fhoilsigh sé i nGaeilge alt bunaithe ar na ráitis dheireanacha a dhein Galbraith roimh a bhás ar staid na heacnamaíochta domhanda). Bhí uimhreacha teileafóin aige do dhaoine nach dtabharfadh na huimhreacha céanna dá gclann féin.

Bhí cuimhne éachtach ag Nollaig: níor gá ach ainm duine a lua leis (go neafaiseach sa chomhrá) le go n-inseodh sé duit go raibh aint ag an duine sin i mBoston le daichead bliain, nó go raibh iníon léi ina *nurse* i gCoventry Shasana nó, arís, go raibh mac deirfiúr eile ag obair don samhradh thiar i gColáiste na bhFiann. 'Tracing', an sean-nós Gaelach, bhí Nollaig faoi gheasa na healaíne dúchasaí áirithe seo, agus é ina mháistir uirthi chomh maith. An t-am is fearr a léiríodh sé an mháistreacht seo ná nuair a bhíodh sé san ospidéal (ag ceistiú na mbanaltraí agus na ndochtúirí faoina gcúlra agus a muintir). Faraoir, bhí neart deiseanna aige chun an fhiosracht seo a shásamh agus an mháistreacht áirithe seo a chleachtadh, mar gur mó seal a chaith sé in ospidéal de bharr babhtaí tinnis.

Ach ní i dtaobh lena chuimhne amháin a bhí Nollaig ar ndóigh: bhí a thuiscint ar an stair (agus ar an saol) bunaithe ar léitheoireacht fhairsing, ar acmhainn láidir anailíse agus ar bhreithiúnas neamhspleách. Bhí leabharlann den scoth aige – ní hea, ach cartlann cheart sa bhaile: litreacha, cáipéisí, gearrtháin, téipeanna, a raibh tábhacht nach beag leo ó thaobh na staire de.

Na fadhbanna sláinte fé ndear do Nollaig éirí as a phost go luath, bhíodar aige le blianta fada: bhí diaibéiteas ag gabháil dó óna óige. Agus, idir an galar féin agus an réimeas leighis agus cógas a bhí ag teastáil lena láimhseáil, bhí fadhbanna tánaisteacha sláinte á chiapadh go tráthrialta ar feadh na mblianta.

Níor bhac na fadhbanna seo air, áfach, obair éachtach pinn a chur i gcrích, ná saol poiblí gníomhach a chaitheamh mar thráchtaire, mar cholúnaí agus mar chraoltóir, mar fheachtasóir agus mar ghníomhaire teanga, agus mar oibrí deonach ar iliomad coistí, cumainn agus eagrais arbh é a gcuspóir cás na Gaeilge agus saoirse na hÉireann a chur chun cinn. Poblachtánach daingean a bhí ann, a sheas i gcónaí le cearta Gael áit ar bith ar chreid sé na cearta sin a bheith á gceilt orthu (agus bhí cearta cultúrtha chomh maith le cearta polaitíochta i gceist aige, cearta de réir an dlí, ach cearta, feisin, i 'gcúirt na staire'). Ach cé gur phoblachtánach daingean é féin, bhí sé i gcónaí scrupallach (ina chuid scríbhinní agus ina chuid cainte) agus é ag iarraidh cibé beart a bhí déanta ag daoine a raibh cineál ar bith tírghrá á spreagadh a aithint agus a thuiscint.

Do dhuine nach raibh an t-amharc aige ag feidhmiú le lánéifeacht dó i gcónaí, b'éachtach ar fad an méid a chuir sé i gcló. Níl le déanamh againn ach liosta na leabhar a chuir sé amach a lua le go dtuigfimis a ghaisce (leabhair i mBéarla agus i nGaeilge, ach an mhórchuid díobh i nGaeilge): beathaisnéisí ar Gandhi (1969), John Boyle O'Reilly (1976), Éamann Iognáid Rís (1977) Richard J. Daley (1979); leabhair ar ghnéithe éagsúla de pholaíocht na tíre seo: *Guth an Phobail* (1984); *Ríocht Roinnte* (1985); *Éire agus Polaitíocht na hEorpa* (1986); leabhair staire ar nós *Margáil na Saoirse* (1988), *An Chéad Dáil Éireann* (1989), *An Ghaeltacht Oifigiúil – agus 1992?* (1990), agus *Civil War in Connacht* (1999), an ceann deireanach sin tiomnaithe 'To all those who made sacrifices in the interests of Irish freedom'.

Agus níl anseo ach na leabhair, gan trácht ar na céadta colún, alt, aiste agus léirmheas a d'fhoilsigh sé i leabhair, in irisí agus i nuachtáin in Éirinn agus thar lear, cuid acu bunaithe ar thaighde bunúsach a rinne sé féin. Bhí sé seiftiúil agus díograiseach ag aimsiú agus, go minic, ag cur agallaimh ar dhaoine nó ar fhinnéithe tábhachtacha a raibh faillí déanta orthu go minic ag staraithe agus ag iriseoirí araon. Thuig sé tábhacht na mbunfhoinsí don staraí. Is mó comaoin a chuir Nollaig ormsa, ag cur gearrtháin, cáipéisí agus ailt im threo. Ní raibh sé éasca i gcónaí a chuid peannaireachta a léamh (an abairt nó dhó a bhíodh aige ag ceann an ailt nó an ghearrtháin). Ach le línte tarraingthe ar chiumhais an leathanaigh nó fáinní timpeall ar abairt nó dáta nó ráiteas, níor fágadh in amhras riamh mé faoi céard go díreach a bhí i ndiaidh spéis Nollaig a mhúscailt sa scéal.

Níor mhiste, b'fhéidir, focal beag a rá anseo faoi ghné ar leith dá shaothar i ngort fairsing na cumarsáide. Chreid Nollaig i mbunchreideamh na dea-iriseoireachta: 'comment is free, but facts are sacred'. Ach níor leor dó go mbeadh na prionsabail seo á bhfógairt, chaithfí beart a dhéanamh de réir na mbriathar. Ba bhunoibleagáid í ag údar nó craoltóir na fíricí a aimsiú agus a dheimhniú agus an taifead a bhunú ar eolas cruinn. Sheas sé i gcónaí in aghaidh na cinsireachta. Agus nuair ba dhéine an choimhlint ó thuaidh – sna seachtóidí agus ar feadh tamaill sna hochtóidí – níor staon sé riamh ó bheith ag iarraidh cúlra iomlán eachtraí an uafáis a fhiosrú agus a thabhairt chun solais – agus gan a bheith ag brath ar ráitis oifigiúla ó aon pháirtí ar leith den choimhlint.

Níl áireamh ar na gradaim agus na duaiseanna a bronnadh ar Nollaig, aitheantas dá shaothar éachtach i saol na Gaeilge go háirithe. Ach aitheantas agus ómós chomh maith dá charachtar, arbh é an t-ionracas a chloch bhunaidh. Fear é Nollaig Ó Gadhra a raibh tuairimí láidre aige faoi chúrsaí an tsaoil, faoi chás na hÉireann go háirithe. Turas le Nollaig thíos faoi dtír, b'ionann é agus meascán de sheimineár, sliocht as seanchas sceiche Raiftearaí (mar le reacaireacht ginealaigh agus seanstair na hÉireann de), agus dianseisiún ceastóireachta ag oifigeach de chuid an KGB – ach leis an ngreann agus scéalta barrúla meascaithe tríd ar feadh an ama. Fear neamhspleách, géarchúiseach, meabhrach. Compánach dílis. Cuimhním air go minic.

EOGHAN HARRIS

Iriseoir, craoltóir, scríbhneoir agus comhairleoir polaitiúil. Corcaíoch. Ní raibh siad riamh ar aon fhocal faoi mhórán, ach thuig siad féin a chéile.

BLIAIN I GCUIDEACHTA
NOLLAIG UÍ GHADHRA

Chas mé le Nollaig Ó Gadhra den chéad uair i 1964, bliain chinniúnach dúinn beirt. Tabhair seans dom sinn a sheoladh thar n-ais don ré sin. Agus fiche bliain sáraithe agam agus mé nuacheaptha i mo léachtóir staire i gColáiste na hOllscoile Corcaigh, ba bheag an tsuim a chothaíos i smaointe éinne eile.

Tar éis dom Parnell a mholadh go bríomhar i léacht éigin, tháinig fear mílítheach óg aniar aduaidh orm gan choinne, agus chuir sé ceist bhorb orm gan brollach ná réamhrá: 'Conas a d'fhéadfadh le Parnell fíoranam mhuintir na hÉireann a thuiscint i gceart gan oiread is focal amháin Gaolainne ar a thoil aige?'

'Agus cé hé tusa?' a d'fhiafraíos de. 'Nollaig Ó Gadhra, ach ná bac leis sin, *what about Parnell* agus an Ghaeilge?' a dúirt sé liom agus é ag baint úsáide as a chuid dátheangachais seiftiúil sin dár chuir as dom beagáinín. (Rith sé liom níos déanaí gur cleas é sin a d'úsáideadh sé d'aon ghnó chun mearbhall a chur ar a chuid naimhde.)

Dhiúltóinn do cheist sheicteach cosúil le ceist sin Nollaig dá gcuirfí orm inniu í. Ach i 1964, chuaigh mé i ngleic léi go sollúnta toisc go raibh Nollaig agus mé féin dílis um an dtaca sin do leabhar Dhónaill Uí Chorcora *The Hidden Ireland*. Agus gan trácht ar an gCorcorach fiú, thaitin guth údarásach Nollaig liom agus é ag labhairt fé cheisteanna náisiúnta cosúil leo seo. (Choimeádas é sin fé rún ar an gcéad lá, áfach.)

Chuireadh údarásacht mhuiníneach Nollaig as do dhaoine eile, scata mór daoine eile fiú. A mhalairt de scéal liomsa, áfach. Chreideas féin, cosúil le Nollaig, go raibh níos mó léite agamsa mar gheall ar gach aon ábhar tábhachtach, agus más ea, go raibh sé de dhualgas orm daoine a cheartú agus mé i mbun díospóireachta leo.

Ar an maidin sin, rinneas dearmad ar stádas sóisearach an mhic léinn mhílíthigh os mo chomhair amach, agus thosaíomar ag argóintíocht. Ó thús an chomhrá sin, bhí easaontas idir eadrainn mar gheall ar thábhacht na Gaolainne sa náisiúnachas réabhlóideach. Cheapas féin gur leor dílseacht do thionscnamh poblachtánach Wolfe Tone agus tírghrá duine ar bith á mheas. Ach cheap Nollaig ná féadfaí réabhlóidí dáiríre cumasach a mhúnla gan aon Ghaeilge, nó gan aon suim sa teanga.

Ar an lá sin i 1964, cruthaíodh nasc díospóireachta seachas cairdeas idir eadrainn, nasc a lean go dtí lá a bháis róluath in 2008. Ach b'iomaí eachtraí corraitheach eile a tharla i 1964.

Um an dtaca sin, bhí slua mór de chairde agamsa, sóisialaigh a bhformhór. Chuireadh béim throm Nollaig ar an dteanga as dóibh. Ach cheapas féin go raibh an ceart aige nuair a deireadh sé go raibh polasaí láidir ag teastáil chun suim na bpolaiteoirí a athmhúscailt ó thaobh cheist na teangan de.

Spreag sé seo an bheirt againn chun grúpaí beaga náisiúnacha a thosnú, nó greim dh'fháil ar na grúpaí a bhí ann cheana féin. D'fhéadfainn Poblacht Chríostúil a lua mar eiseamláir anseo, páirtí fíorbheag i gCorcaigh a chreid i bpolasaí darbh ainm 'Intíreachas', macalla nua-aimseartha ó thionscnamh féinchothaithe Shinn Féin le linn ré Airt Uí Ghríofa.

Ní foláir nó go rabhas as mo mheabhar nuair a bheartaíos dul go dtí cruinniú den Phoblacht Chríostúil lá amháin i nDroichead na Bandan chun léacht a thabhairt. Ar an lá sin, b'fhada an bhearna idir sinn agus iolrachas breá oilte Graham Norton. Ba ghráig ghruama sheicteach Bandan fós. Ach bhailíos Nollaig i veain m'athar, agus bhuaileamar an bóthar siar.

Agus mé ag cuimhneamh siar anois, is cuimhin liom féachaint anuas ar aghaidh mhílítheach Nollaig agus é i lár slua d'fheirmeoirí láidre a bhí ag caitheamh seilí agus mé ag míniú tionscnamh féinchothaiteach an pháirtí, tionscnamh a thug droim láimhe don fheirmeoireacht tráchtála agus a bhí ag tnúth le ré nua na feirmeoireachta pleanálta. Bhí an t-ádh linn nár crochadh muid ar an dtoirt.

Nuair a bhíomar ag dul abhaile, d'iarr Nollaig orm an veain a stopadh. B'éigean dó instealladh d'inslin a thabhairt dó féin. Ba é seo an chéad uair gur bhuaileas le diaibéiteach agus a chuid instealltaí laethúla. Chuir an tsnáthaid sceimhle orm an lá sin nuair a rith sé liom gur duine leochaileach ab ea Nollaig ó thaobh a chuid sláinte de. Agus ba í an tsnáthaid sin fréamh an bhuanmheasa a bhí agam do dhiongbháilteacht phearsanta Nollaig ó thaobh a chuid taighde, scríbhneoireachta agus cruinnithe (agóidí ina measc). Ba throm an t-ualach seo le linn a shaoil fhada, ach sheas Nollaig an fód.

Laistigh den dá scór bliain a bhí os comhair Nollaig tar éis 1964, tháinig paimfléid, aistí agus leabhair uaidh ina slaoda. Is í an beathaisnéis iontach uaidh ar Richard J. Daley de chuid Chicago an leabhar is fearr dár chum sé, dar liomsa, toisc go raibh sé in ann ceol a bhaint as a chuid leárgais shainiúil mar gheall ar pholaitíocht na nGael-Mheiriceánach.

Ach thosaigh an próiseas seo i 1964. B'in an bhliain inar thosaíomar beirt i mbun na hiriseoireachta polaitiúla. Nuair a bhí sé ina eagarthóir ar *An Síol*, iris Ghaelach na hollscoile i gCorcaigh, ghríosaigh Nollaig mé chun mo chéad alt foilsithe a scríobh, 'Maraíodh Seán South i 1922'.

Rinne mo theideal aithris ar *Maraíodh Seán Sabhat Aréir*, teideal bheathaisnéis Mhainchín Sheoige mar gheall ar Sheán South, an t-óglach cáiliúil ó Luimneach a bhí ina náisiúnaí cultúrtha freisin. Ábhar iontais domsa an t-alt seo agus mé ag cuimhneamh siar toisc gurbh é gríosadh Nollaig i 1964 an rud a thug an mhuinín dom mionscagadh a dhéanamh ar sheanlaochra na hÉireann. Is ait an mac an saol.

Ach i 1964 ba phoblachtánach sóisialach mé fós, agus más é sin mar a bhíos, bhunaigh mé Cumann Wolfe Tone i gCorcaigh le comrádaithe eile. Cé gur iarras air, dhiúltaigh Nollaig bheith ina bhall linn toisc go mba ghráin leis ár bpolaisithe sóisialacha, polasaithe a bhí ina mbunchloch ag an Workers' Party níos déanaí.

Bhí i bhfad níos mó spéise ag Nollaig i n*groupuscule* eile a bhunaigh mé i 1964. Aire an t-ainm gonta a thugamar air, agus theastaigh uainn sáinn na Gaeilge a shoiléiriú trí ghreim fisiciúil dh'fháilt ar fhoirgnimh phoiblí. In ainneoin a chuid sláinte leochailí, níor sheachain Nollaig an modh díreach.

Más ea, thug Nollaig cabhair liom agóid ollmhór a eagrú i gColáiste na hOllscoile Corcaigh chun tacaíocht a thabhairt d'fheachtas an Ghinearáil Tom Barry baghcat a chur ar bun i gcoinne cuairt Iarla Rosse go Corcaigh i 1964. Agus is féidir liom Nollaig a fheiceáil anois, ag seasamh go diongbháilte sollúnta lasmuigh de Halla na Cathrach i gCorcaigh, a lámha caola teanntaithe ag póilíní ón Special Branch.

Nuair a fuair Nollaig bás i 2008, mhaígh an Taoiseach gur phoblachtánach Éireannach ab ea é le linn a shaoil. Dar liomsa, bheadh sé níos cruinne náisiúnaí cultúrtha Éireannach a thabhairt air. Cé go raibh meas aige ar Phrotasatúnaigh Éireannacha cosúil le Risteárd Ó Glaisne a bhí sáite sa phoblachtánachas, níor léirigh scríbhinní ilghnéitheacha Nollaig tuiscint dá laghad ó thaobh an Aontachtachais de.

Ba é crógacht Nollaig Uí Ghadhra an tréith a chuaigh i bhfeidhm is mó ormsa agus ar mo chuid cuimhní cinn. Ghlac sé lena mhíshláinte le humhlaíocht, gan ghearán, agus lean sé air lena chuid scríbhneoireachta bríomhaire polaitiúla go dtí an deireadh thiar thall. Chuireadh sé as dom cinnte ar uairibh nuair a labhraíodh sé cosúil le Mise Éire, ach is maith is eol domsa an guth céanna i mo chuid scríbhneoireachta féin. Maith dúinn ár bhfiacha. Ar dheis Dé go raibh a anam cróga.

NOLLAIG Ó DONNABHÁIN

Múinteoir matamaitice i gColáiste Fhearann Phiarais i gCorcaigh. Duine de lucht freastail agus eagraithe Dhaonscoil na Mumhan i gColáiste na Rinne ar feadh blianta fada. Ansin a cruthaíodh an dlúthchairdeas idir an dá theaghlach.

Nollaig Ó Gadhra
agus Corcaigh

B a bhreá le Nollaig Ó Gadhra teacht go Corcaigh. Go luath sa bhliain úr, Eanáir nó Feabhra, ba ghnáthach dó teacht, é ag dul siar ar laethanta a óige i gcathair inar chaith sé blianta (1962–7) mar mhac léinn ollscoile. Sna seascaidí luatha bhí Coláiste na hOllscoile i gCorcaigh sách beag, thart ar 1,500 scoláirí ina iomláine, a bhformhór ón dtimpeallacht agus ón gcontae. Bhí na scoláirí ó lasmuigh de limistéar na cathrach ar lóistín fá Bhóthar an Choláiste, Bóthar an Iarthair, Bóthar an Dúin agus slám maith acu i mBrú Uí Ónáin a bhain leis an ollscoil.

Ba bheag scoláire a thagadh ó thíortha iasachta. Ba é an tOllamh John J. McHenry uachtarán na hollscoile (1964–7), scoláire fisice a chaith tréimhse i gCambridge, duine fial ciúin uasal (toisc an cúlra san bhí báidh aige le báid agus is cuimhin liom go maith gur thug sé airgead as a phóca féin do chumann rámhaíochta na hollscoile in aimsir na práinne) ach é pas beag ró-aosta don bpost. Níor bhaol dó mar ba é an rúnaí, Séamus Ó Muirthile (Big Jim Hurley, poblachtánach, ghnóthaigh sé ceithre bhonn óir san iomáint do Chorcaigh), a dhein an ollscoil a riaradh go cruinn is go beacht le slacht go dtí lá a bháis i 1965.

I Roinn na Gaeilge, bhí R. A. Breatnach, ollamh, agus i measc lucht teagaisc bhí léachtóir óg, Seán Ó Tuama, ag saothrú. Bhí cáil fhorleathan ar roinnt de na cumainn sa choláiste: an cumann fealsúnachta (the Philosoph); an Chuallacht, cumann Gaelach na mac léinn, a bhí faoi lán tseoil, agus leithéidí Uinsinn Uí Mhurchú, Phádraig Uí Dhrisceoil, Phascail Uí Uallacháin gníomhach ann. Ba bheag duine nár chaith tréimhse éigin ag na díospóireachtaí ag na heagrais seo agus ar chinn eile chomh maith. Fiú sna blianta luatha san, bhíodh Nollaig agus Eoghan Harris in adharca a chéile.

Lasmuigh den ollscoil, sa Chonradh in Áras na Díge, ar an Muirdíog, bhí an dá Shéamus, agus Risteárd Ó Murchú, coiste gníomhach ina dteannta siúd, ag obair go dian dícheallach gach tráthnóna tar éis lá oibre do chur isteach. Thógadh an bheirt Shéamus – Séamus Ruiséal agus Séamus Langford – scoláirí siar go Corca Dhuibhne, ach ba é an chúis go raibh muintir na cathrach buíoch díobh ná mar gur thugadar buaiteoirí an Oireachtais – leithéidí Sheáin 'ac Dhonncha agus Niocláis Tóibín chun na cathrach agus go dtí na céilithe iontacha san a bhíodh ar siúl san Áras. Dob oscailt súl a fheabhas is a bhí an bheirt úd.

Bhí dúil riamh ag na Corcaígh i gcúrsaí aisteoireachta agus lár na cathrach lán le hallaí breátha, gan trácht ar an Opera House. Bunaíodh an Everyman Theatre Company i 1963 as na grúpaí drámaíochta (Compántas Chorcaí ina measc) a bhí ag soláthar sa chathair. Do bhí Seán Ó Tuama, John O'Shea agus a dheartháir Aodán, Dan Donovan, Fred Archer, Donal Farmer, Leachlainn Ó Catháin agus Pádraig Ó hUrmoltaigh agus go leor eile chun tosaigh sa ghluaiseacht seo. I dtosach báire do dheineadar drámaí Sheáin Uí Thuama a chur chun stáitse – leithéid *Gunna Cam agus Slabhra Óir* agus *Corp Eoin Uí Shúilleabháin* agus *Judas Iscariot agus a Bhean*. Ina dhiaidh sin léirigh an Everyman sraith drámaí ó mhór-roinn na hEorpa – leithéid *Hedda Gabler* le Henrik Ibsen, drámaí Chekov na Rúise agus Lorca na Spáinne, *A View from the Bridge* le Arthur Miller agus go leor eile. Ní raibh teora leis an meitheal oibre a dhein an Everyman thar thréimhse daichead bliain agus sinne go léir faoi chomaoin acu as an gcomhshaibhriú ealaíonta a bhronn siad orainn.

Comhthreomhar leis na himeachtaí seo do bhunaigh Der Breen Féile Idirnáisiúnta Scannánaíochta Chorcaí i 1955. Sna sála ar seo bhunaigh Aloys Fleischmann Cór Fhéile Idirnáisiúnta Chorcaí, agus ina theannta san chaith sé féin seasca bliain i gceannas ar Cheolfhoireann Chorcaí. Bhunaigh Joan Denise Moriarty Comhlacht Ballet na hÉireann agus é lonnaithe sa chathair cois Laoi. Ní hamháin san ach bhí síor-chomhoibriú ar siúl idir na dreamanna eagsúla.

Ócáid spreagach eile ba ea Féile Bhliantúil Drámaíochta Chorcaí, ina mbíodh léirithe ag buíonta aisteoirí amatéireacha mar shampla, Ashton Productions, St Als, Banks Dramatic Society, Pres Theatre Guild agus Aisteoirí Ollscoile Chorcaí.

Trasna na habhann i nDún Laoi ar an Meal Thuaidh, bhí Criostóir de Baróid ag treabhadh réimsí eile agus ba líonmhar an lucht leanúna aige. Bhíodar ag feidhmiú faoin ainm Scéim na gCeardchumann, agus dheineadar ceannródaíocht in go leor slite. Bhunaíodar an chéad chóras creidmheasa sa chathair, bhíodh ranganna Gaeilge agus amhránaíochta ar siúl gach oíche Mháirt, Pádraig Tyers (bhí sé ag obair do Ghael-Linn ag an am) i gceannas ar na ranganna Gaeilge, agus modhanna nua múinte teangan aige. Tar éis cupán tae, thagadh múinteoir amhránaíochta óg ó Chom Thóla arbh ainm dó Seán Ó Sé isteach, agus bhíodh an halla lán go doras. D'éirigh leis siúd suim a mhúscailt sna seanamhráin agus sna hamhráin nua a bhí ag teacht ar an bhfód. Ag an am seo bhí Seán Ó Riada agus a chlann tar éis teacht aduaidh, iad ina gcónaí i gCúil Aodha agus eisean ina léachtóir i Roinn an Cheoil san ollscoil. Bhí draíocht san aer, mhúscail Seán dea-mhéin i leith an cheoil thraidisiúnta i gcroí gach duine a bhuail leis . . .

I lár na seascaidí bhí go leor de laochra Chogadh na Saoirse fós ina steillbheatha, agus bheartaigh Criostóir ar mhuintir na cathrach a thógaint, i dteannta na laochra seo – Tom Barry, Mick Leahy, Tadhg Manley – go dtí na láithreacha ba mhó sa chogadh úd e.g. Cill Mhichíl, Crosaire de Barra, agus na láithreacha in oirthear Chorcaí, Baile na Martra, Cluain Molt, Oileán Spíce, ina measc, chomh maith.

Uair sa mhí, oíche Aoine, bhíodh teacht le chéile ag an gCiorcail Staidéir faoi stiúir Sheáin Uí Urmoltaigh sa Meal Thuaidh agus léachtóirí breátha ann, mar shampla, Risteárd Ó Glaisne.

Bhí Seán Ó Riada ar tí teacht go dtí an ollscoil i gCorcaigh, agus leagan álainn difriúil den gceol traidisiúnta á chraobhscaoileadh aige. Amach an bóthar, bhí Múscraí faoi bhláth. Agallaimh bheirte, lúibíní agus ceapóga á n-athris agus á gcumadh acu. Bhí sé de nós ag an Dáimhscoil teacht le chéile idir an dá Nollaig, Oíche Nollaig Mhór agus Oíche Nollaig na mBan. Bhíodh daoine ón gcathair ag dul ann, an file Domhnall Óg Ó Ceocháin (Com Thóla), Coireall Mac an tSaoir agus Pascal Ó hUallacháin. Ba é Domhnall Ó Ceocháin (Cúil Aodha) an t-uachtarán agus Peadar Ó Liatháin an rúnaí. Is ansin a bhíodh an saibhreas cainte agus an greann.

Bhí suim ag an Réalt (fobhrainse den Léigiún Mhuire)

forbairt a dhéanamh ar an líon duine a bhíodh ag dul go Gaeltacht Chléire in iarthar Chorcaí gach samhradh. Bhí sagart óg cumasach tar éis teacht go Cléire – an tAthair Tomás Ó Murchú. Laistigh de dheich mbliana 1974, bheadh an tAthair Tomás ar lic an dorais ag Nollaig sna Forbacha, i gConamara, slua de mhuintir Chléire ina theannta, agus ghlacadar seilbh ar oifigí Gaeltarra Éireann. Thosaigh na Campaí Oibre ar dhul go Cléire dá bharr. Bhí na coláistí samhraidh i mBéal Átha an Ghaorthaidh agus i mBaile Bhuirne lán go barra. D'oscail Gaelachas Teoranta, fé stiúir Chormaic Mhic Cárthaigh, coláiste samhraidh i dTrá Bholgan in oirthear an chontae, agus ceann eile ar Oileán Chléire.

Ní hamháin san ach oscalaíodh meánscoil i nGleann Maghair faoi stiúir Eibhlín Ní Drisceoil, a chómhaith d'oide ní bhfaighfeá in áit ar bith. Bhí cáil riamh uirthi agus maireann an scoil sin fós.

Sna siopaí, bhí ceol, ceirníní Ghael-Linn, ar díol, agus téipthaifeadáin chun an ceol seo a sheinnt, ag teacht ar an margadh. D'éirigh le Nollaig lámh a leagan ar cheann de na téipthaifeadáin seo agus é mar scoláire ollscoile. Níorbh é éisteacht ceoil a bhí ag déanamh scime dó ach cuntaisí na laochra a bhí fós ar marthain a thaifead sara gheobhadh siad bás. Gach áit dár ghaibh sé sa *mhilieu* thuas bheadh sé ag cnuasach staire agus tuairiscí. Blianta na dhiaidh sin bhí alt mór fada aige ar Chogadh na Saoirse in *Inniu*.

Faid is a bhí Nollaig i gCorcaigh do chuir sé aithne ar go leor de charachtaeirí na cathrach agus ba ghnáthach leis bualadh isteach chucu dá mb'fhéidir leis a dhéanamh. Bhíodh sé ag faire amach dóibh i gcónaí agus á gcúirtiú chomh maith. Tá ábhar leabhar sna scéalta a bhain leis na carachtaeirí seo.

Thart fán am seo bhuail sé le sagart óg, an tAthair

Pádraig Ó Fiannachta, agus chaitheadar tréimhsí mar mholtóirí do Ghlór na nGael sna Gaeltachtaí go léir. Blianta ina dhiaidh san d'fhoilsigh Nollaig leabhar beag fé Ghaeltachtaí na tíre, mar a bhí agus mar atá.

Bhí tionchar fadtéarmach ag na laethanta draíochtúla sin i gcathair na Laoi ar shaol agus ar shaothar Nollaig. Blianta ina dhiaidh seo chaith Nollaig tréimhsí san Ostair, i Londain agus in Ollscoil Harvard, tháinig sé faoi anáil John Kenneth Galbraith. Ach seo, na cairde, an léann, an grá do stair na hEireann, do stair an domhain, a bhí agus atá le braistint ó shaothar Uí Ghadhra, dob iad na blianta a chaith sé cois Laoi na Sreabh dob údar nach beag dóibh.

Bíodh san mar a bhí, ach ba mhó go mór an tionchar chun na maitheasa a bhí ag a ghrá geal Máirín Ní Chonghaile.

Go gcumhdaí Dia is a mháthair thú, a Nollaig.

PÁDRAIC Ó GAORA

As Carna i gConamara. Duine de mhóririseoirí na Gaeilge a chaith sealanna ag obair leis an Irish Press *agus* Inniu. *Léiritheoir agus eagarthóir nuachta le RTÉ. Iar-Phríomheagarthóir Nuachta RTÉ.*

CARA GO DEO

L e linn dó a bheith ina reachtaire ar Chuallacht Ghaelach Choláiste na hOllscoile Corcaigh agus ina eagarthóir ar *An Síol*, bliainiris na Cuallachta, i 1965, a chuir mé aithne ar Nollaig i dtosach. Bhí mise ar fhoireann an nuachtáin Ghaeilge *Inniu* ag an am, ag tabhairt láimh chúnta ar dheasc na nuachta Gaeilge in RTÉ, ag tabhairt amach na nuachta ar an raidió agus ar an teilifís agus ag gabháil do chláracha éagsúla, *Dáithí Lacha* ina measc. Bheadh smearaithne ag pobal na Gaeilge orm dá bharr agus measaim gurbh in é an t-údar a bhfuair mé cuireadh ó Nollaig labhairt ag chéad Sheachtain Gaeilge na Cuallachta faoi mo thaithí ar an iriseoireacht i nGaeilge, ceird nach raibh mórán ag gabháil dó ag an am. Idir mo bheo is mo mharbh, thoiligh mé sin a dhéanamh agus ba ag an ócáid chroídhílis sin i halla caidrimh na Cuallachta san ollscoil i gCorcaigh (agus a mhair go maidin) a casadh Nollaig Ó Gadhra orm den chéad uair agus a nascadh caradas eadrainn, caradas agus dáimhiúlacht a mhair i gcaitheamh na mblianta.

Níorbh fhada gur tuigeadh dom go raibh agam ann comrádaí suáilceach, gaoismhear, gnaíúil agus comhairleoir, b'fhéidir, a bhí sean dá aois – fear nach raibh fós ach sna fichidí luatha ach a raibh ciall don saol, don léann agus go deimhin don ghreann aige ach a measfá amanta seacht gcúraimí an tsaoil a bheith ag dul idir é féin agus codladh na hoíche. B'fhacthas dom fuadar a bheith faoi le chuile thionscnamh nó aidhm a chuir sé roimhe amhail is mar ab fhacthas dó nach bhfaigheadh sé de shaol an méid a bhí ar intinn aige a chur i gcrích.

Fós ar an ollscoil dó agus ag gabháil d'eagarthóireacht na hirise *An Síol*, bhí sé de mhisneach ag Nollaig tabhairt faoi *Mr. Hill: Mr. Tara* Mháirtín Uí Chadhain a léirmheas in eagrán na bliana 1965 den iris chéanna. Ní cuimhneach liom aon duine eile de scoláirí móra ná beaga na Gaeilge a mbeadh sé de dhánaíocht ann tabhairt faoi aon tsaothar leis an gCadhnach a léirmheas ag an am ná go deimhin chúns a bhí Máirtín féin beo. Ar ball bhí an Cadhnach ar dhuine de na hÉireannaigh is mó a chuaigh i bhfeidhm air. B' fhacthas dó nach raibh a leithéid eile ann a rinne an oiread sin ar mhaithe le slánú na Gaeltachta agus pé ar bith conamar Gaeilge a bhí fós fágtha a chur ar chóir shábhála. Ba chás le Nollaig a laghad aitheantais a tugadh d'fhathach litríochta na nua-Ghaeilge, don phoblachtánach dílis nó an máistir scoile a raibh an oiread sin measa air. Bhí a mheas ar an gCadhanach le sonrú ar an tsraith altanna a scríobh sé don *Daily Mail* i mBealtaine na bliana 2006. Ag tagairt dó do a laghad aitheantais a tugadh do chéadú lá breithe Mháirtín, an 4 Eanáir 1906, bhí seo le rá aige: 'It is safe to suggest that had it been Joyce or Yeates or even Pádraic Ó Conaire, the Galway establishment and the entire "artistic community" as well as tourism and media interests would be talking about it on a daily basis for months past'. Agus sula bhfágaim *An*

Síol agus an chomaoin a chuir Nollaig ar thús-ré na hirise sin, is díol suime toradh an agallaimh a chuir sé ar Sheán Ó Riada faoi shlánú an cheoil dhúchais agus an teanga Ghaeilge féin.

Sholáthraíodh Nollaig altanna ilchineálach d'*Inniu* freisin. Bhí an-mheas ag Ciarán Ó Nualláin, eagarthóir an pháipéir sin, ar phíosaí Nollaig agus ar a ghéarchúisí a bhí sé i gcúrsaí staire agus polaitíochta ainneoin gur mhinic tuairimí Nollaig agus a ghrinntaighde ar Chogadh na Saoirse agus ar Chogadh na gCarad a lean é a bheith ag teacht salach ar na geasa a bhí curtha ag de Valera ar an bpáipéar sin gan a ladar a chur isteach sa rud ar a dtug sé 'ard-pholaitíocht'. Níorbh aon iontas é nárbh fhada gur bhog Nollaig go Baile Átha Cliath ag gabháil don iriseoireacht ar fhoireann *Inniu* agus is de mo shaontacht é go mb'fhada gur tuigeadh dom nach ar oifig *Inniu* i 29 Sráid Uí Chonaill Íochtarach amháin a bhí tarraingt Nollaig ach ar oifig Chomhdháil Náisiúnta na Gaeilge a bhí ar an urlár taobh thíos de mar a raibh Máirín Ní Chonghaile, a bhean chéile ar ball, ag obair.

Ar ndóigh, níorbh é *Inniu* an áit ab fhearr ar domhan d'iriseoir óg a raibh an oiread gealladh faoi is a bhí faoi Nollaig. Bhí suntas á thabhairt dá chuid oibre i gcearda eile na hiriseoireachta agus níorbh é an t-achar ab fhaide go raibh sé agam mar chomhghleacaí i seomra nuachta RTÉ. Timpeall is dhá bhliain a chaith sé linn in RTÉ ach thuig mé uaidh go luath i rith na tréimhse sin idir 1967 agus 1969 nárbh é rannóg chúrsaí reatha RTÉ an áit ab fheiliúnaí d'iriseoir óg a raibh luí le poblachtánachas aige agus a bhí chomh fiosrach, fiafraitheach le Nollaig. Ní nach ionadh chaitheadh Nollaig seáirsí linn ar dheasc na nuachta Gaeilge ag cur is ag cúiteamh faoi ghnéithe den nuacht gur cheart dúinne sa tseirbhís áithrid sin a bheith ag fiosrú seachas a bheith faoi ghéillsine ag luacha nuachta na seirbhíse Béarla. B'annamh nach gcuireadh sé caidéis faoi neamhspleáchas sheirbhís nuachta RTÉ fré chéile ach bhí tarraingt eile ag deasc na nuachta Gaeilge air. Sna blianta sin atá faoi thrácht agam ba ghnách le haistritheoirí nach mbíodh ar an bhfoireann sheasta againn lámh chúnta a thabhairt leis an aistriúchán agus le hullmhú na bhfeasachán nuachta le craoladh ar an raidió nó le tarchur ar an teilifís. Bhí an t-údar aitheantúil Pádraig Ua Maoileoin ar dhuine de na cúntóirí seachtracha sin agus, ní nárbh ionadh, is air a tharraingíodh Nollaig lena liosta ceistiúcháin faoi nathanna teanga a bhíodh ag dul sa muileann air. Soilíosach go maith a bhíodh Pádraig amanta ag fuascailt cruacheisteanna Nollaig.

Amantaí eile thiocfadh le Pádraig a bheith gearblach, giorraisc, go háithrid agus a intinn á chruinniú aige ar na leabhra *Bríde Bhán* agus *De Réir Uimhreacha* a raibh sé ag gabháil dóibh ag an am. Tráthnóna de na laethanta agus an cineál iúmair sin air agus nath nua ag déanamh tinnis do Nollaig, spréach Pádraig. 'Seo, a Nollaig,' ar seisean. 'Tá sé go léir ansan', ag síneadh cóipeanna d'fhoclóirí de Bhaldraithe, Uí Dhónaill, McKenna agus Lane chuige. Chualathas beagán sciotaíola ar fud an tseomra ach níor chosc sin ar Nollaig filleadh ar Phádraig tráthnóna lá arna mhárach le tuilleadh ceisteanna agus an bheirt chomh gnaíúil le chéile is a bhí riamh.

Níl aon aimhreas orm ach gur chuir a thréimhse in RTÉ díomá an domhain air faoin mbeag is fiú, dar leis, a bhí á dhéanamh ag an tseirbhís náisiúnta chraoltóireachta d'áit agus do thábhacht na Gaeilge i saol an náisiúin. Níos túisce ná a chaithfeadh sé a dhúthracht ag iarraidh athrú meoin is intinne a chur ar an tseirbhís sin, bhailigh sé leis arís agus chaith cúpla bliain in Ollscoil Harvard ag cur barr feabhais ar a chumas taighdeora, má bhí sin riachtanach. Sílim gur le linn na tréimhse sin i mBoston a tuigeadh i gceart dó an tábhacht a bheadh le seirbhísí raidió agus teilifíse pobail a d'fhreastalódh, ní hamháin ar na ceantair Ghaeltachta ach ar phobail Ghaeilge ar fud na tíre uilig, agus ar fhilleadh dó luigh sé isteach ar bhealaí éagsúla agus i gcuideachta dreamanna éagsúla leis an bhfís sin aige a chur i gcrích. Ba é an ola ar a chroí aige bunú Raidió na Gaeltachta i 1972 agus an tseirbhís teilifíse Teilifís na Gaeilge (TnaG), nó TG4 mar atá anois air, cheithre bliana fichead ina dhiaidh sin. Go deimhin fhéin, ní buíoch a bhí sé d'ainmniú nua na seirbhíse teilifíse mar go mb'fhacthas dó go bhfuil rud eicínt in easnamh sa leagan nua, TG4. B'aisteach leis freisin moilleadóireacht agus siléig na bpáirtithe polaitiúla faoi bhunú na seirbhíse teilifíse céanna: 'Cuimhnigh,' a deir sé sa léirmheas a scríobh sé ar chéad chúig bliana na seirbhíse ar *Feasta* na Samhna 2001, 'gur chaith RTÉ fiche bliain ag caint ar bhunú na seirbhíse Gaeilge ón uair a chuir Conradh na Gaeilge an scéal ar an gclár ag ardfheis sa Spidéal i 1980'.

Fágtar faoi staraithe labhairt faoin saothrú a rinne Nollaig ar stair na hÉireann le dhá chéad bliain nó mar sin. Facthas domsa nárbh é saothar mhórphearsaí na staire sin ná an tionchar a bhí acu ar pholaitíocht ná ar shaol na tíre i rith na tréimhse sin is mó a chaith Nollaig a dhúthracht ach leo siúd sa gcúlra a mbeadh dearmad déanta orthu marach saothar fionnachtana Nollaig. Bhí dáimh ar leith aige le muintir Bhrugha, Ruairí agus a bhean chéile, Máire MacSwiney. Bhí ardmheas aige ar leithéidí Ernie O'Malley, Liam Mellows agus leithéidí Choilm Uí Ghaora Ros Muc agus poblachtánaigh eile mar iad nach bhfuair an cineál aitheantais dar leis a bhí dlite dóibh. B'ionann íseal is uasal dó. Bhí ardmheas aige ar an

Dochtúir Eoin Mac Tiarnáin a rinne an oiread sin ar mhaithe le Gaelachas a choinneáil beo i Meiriceá. Chaith sé tamall i bhfochair an ollaimh cháiliúil John Kenneth Galbraith i gCambridge Mheiriceá, agus chonaic mé litir aige ó mhac léinn Seapánach, Chinatsu Hakamada, ag lorg eolais faoi shaothar Mháirtín Uí Chadhain.

Ainneoin a bhreoiteachta agus an diaibéiteas a bheith ag dul in ainseal air lean sé air ag saothrú ar mhaithe le tír is teanga. Is go drogallach a ghlac sé leis an gcuireadh a bheith ina uachtarán ar Chonradh na Gaeilge. Ní hé an gradam a mheall é ar deireadh ach tábhacht na hoifige in aon déileáil a bheadh aige le húdaráis stáit idir pholaiteoirí, státseirbhísigh agus feidhmeannaigh de chuile chineál. Déarfainn fhéin go raibh a thréimhse uachtaránachta idir 2004 agus 2006 ar an tréimhse ba bhisiúla sa gConradh le fada an lá. Ghéaraigh Nollaig ar fheachtas an Chonartha go mbeadh an Ghaeilge ar cheann de theangacha oifigiúla agus oibre an Chomhphobail Eorpaigh. Ní raibh polaiteoir ná feidhmeannach stáit nár chráigh sé le litreacha agus le glaonna gutháin. Thug sé dúshlán mhaorlathas an Chomhphobail sa mBruiséil agus lean sé fhéin agus a dheisceabail sa gConradh agus i gcumainn Ghaelacha eile ar fud na tíre orthu go deo nó gur tugadh a háit dhlisteanach don Ghaeilge i ngnóthaí an Chomhphobail. Céard a cheapfadh sé den leas a baineadh as an socrú teanga sin ó shin? Céard a cheapfadh sé ach oiread d'Acht na dTeangacha Oifigiúla 2003 ar chaith sé an oiread sin dúthrachta lena fheiceáil i bhfeidhm? 'Céard a d'imigh ar na Scéimeanna Teanga?' a d'fhiafródh sé.

Ach ní le díospóireacht thur faoi chúrsa teanga, staire is polaitíochta amháin a chaitheadh Nollaig a dhúthracht. Is beag eolas faoi chineál a bhreoiteachta is a dhiaibéiteas nár bhailigh sé ó thaighdeoirí leighis ar fud an domhain agus nár roinn sé lena chomhghearánaigh. I mblianta deireanacha a thinnis, lúth na ngéag agus amharc na súl á thréigean, thugainn cuairt air san Ospidéal Náisiúnta Athshlánúcháin i nDún Laoghaire. Ní air fhéin a tharraingíodh sé m'aird ach ar othar eicínt eile sa bharda ab fhacthas dó a bheith níos measa as ná é fhéin, nó an t-oibrí feirme Polannach i leaba lena thaobh a chaill a leathlámh i dtimpiste feirme agus nach raibh deoraí ag tabhairt cuairte air. Bhí an caoinbhéas sin i Nollaig go mba mhó ba chás leis mí-ádh a chomharsa ná a dhrochrath fhéin.

Is iondúil gur san oíche Dhomhnaigh a ghlaodh sé orm agus a mbíodh ár gcomhrá againn faoi mhór-imeachtaí is beag-imeachtaí na seachtaine. Ba é an sórt é a bhféadfá easaontú leis faoi go leor dá chuid tuairimí. Rachadh sé bog is crua ort aontú leis, agus mura ndéanfá ní bheadh aon dochar déanta agus ní bheadh col ná coimhthíos aige leat ina dhiaidh. Nuair a bhí Nollaig Ó Gadhra mar chara agat bhí cara agat go deo – duine a ghabhfadh as a bhealach le cabhrú leat ar chuile bhealach a bhféadfadh sé sin a dhéanamh agus rinne. Tá mé buíoch de. Tá a cholainn in uaigh an Chnoic ach maireann Nollaig agus a spiorad beo i gcuimhne a chairde. Bhí sé d'ádh orm a bheith ar dhuine acu sin.

Maolsheachlainn Ó Caollaí

Díograiseoir ar son na Gaeilge agus iar-uachtarán ar Chonradh na Gaeilge. Páirteach sa bhfeachtas ag iarraidh seirbhís teilifíse Gaeilge. Is le linn a thréimhse mar uachtarán a cuireadh tús le gluaiseacht na naíonraí Gaelacha.

BHÍ FUADAR FAOI

B hí eolas agam ar Nollaig i bhfad sarar chuir mé aithne air. Chomh fada ó shin le tús na seascaidí bhínn ag léamh altanna dá chuid a bhíodh i gcló ar irisí Gaeilge agus Béarla. Caithfidh sé nach raibh sé ach ina dhéagóir agus é fós ar scoil nuair a thosaigh sé ag scríobh.

Measaim gur sa bhliain 1966 a chonaic mé Nollaig den chéad uair. Bhí mé ar cuairt ar oifig *Inniu* i 29 Sráid Uí Chonaill Íochtar nuair a chonaic mé istigh ann é. Bhí sé díreach tosaithe ina phost nua mar iriseoir le *Inniu* – a chéad phost buan is dóigh. Bhí aithne nó súilaithne agam ar chuile dhuine eile a bhí ag obair in oifig *Inniu* ag an am – Ciarán Ó Nualláin, Tarlach Ó hUid, Gearóid Ó Nualláin, Séamas Ó Cathasaigh agus eile. Mar sin, bhí mé in ann a dhéanamh amach gurbh é Nollaig an t-iriseoir nua a chonaic mé ann. Ach níor casadh orm é an uair sin ná go ceann tamall de bhlianta ina dhiaidh.

Cé nach raibh baint ar bith ag Nollaig le siúlóidí nó sléibhteoireacht, ba trí shiúlóidí a casadh orm é sa deireadh. Tharla go raibh mé i mo cheannaire ar an eagras siúlóide agus sléibhteoireachta na Fánaithe ag am. Bhí muintir *Inniu* anfhial leis na Fánaithe. Ní hamháin go gcuiridís ár dtuairiscí beaga nuachta agus cláracha imeachtaí i gcló go tráthrialta agus saor in aisce ar an nuachtán, ach bhíodh fáilte romhainn ár gcruinnithe míosúla coiste a reáchtáil i 29 Sráid Uí Chonaill Íochtar mar a raibh a gcuid oifigí acu. I ngeall air sin bhínn ag dul isteach go hoifig *Inniu* ó am go chéile. Ba le linn dom ceann de na cuairteanna sin a thabhairt ar oifig *Inniu* a chéad chonaic mé Nollaig.

Bhí oifigí Chomhdháil Náisiúnta na Gaeilge sa bhfoirgneamh céanna ag an am sin chomh maith. Anois is arís freisin théinn isteach in oifig na Comhdhála le fógraí na bhFánaithe dár gcomhaltaí a chur á n-iolrú. Ba sheirbhís luachmhar í sin a chuireadh an Chomhdáil ar fáil d'eagrais bheaga.

Amanta ba í Máirín Ní Chonghaile as Indreabhán a chastaí liom ag doras oifig na Comhdhála chun an t-ábhar a ghlacadh uaim. Tá cuimhne agam fós ar chuid de na ceartuithe gramadaí agus litrithe a dhéanadh sí ar mo chuid Gaeilge scríofa. Ar ndóigh, bhí mé buíoch di. Ba bhreá liom fios a bheith agam gurb é 'Contae Chill Mhantáin' ainm an chontae a raibh ár mbrú, 'Tearmann', ann, seachas 'Contae Cille Mhantáin', mar a bhí á chleachtadh agamsa ag an am. Mar is amhlaidh fós, b'fhoghlaimeoir mé. Ar ndóigh, is í Máirín a phós Nollaig tamall de bhlianta ina dhiaidh sin. Ba chara scoile í Máirín le Peig Ní Choincheannain, comhalta de na Fánaithe a raibh mé cairdiúil léi. Tríd an gcomhchairdeas sin a chuir mé aithne ar Nollaig uair éigin i dtús na seachtóidí i ndiaidh dom féin agus Peig pósadh.

Faoin am a chuir mé aithne ar Nollaig, bhí post aige thiar. Bhí sé mar Bhainisteoir Eolais ag Fáilte an Iarthair. Bhí sé féin agus Máirín pósta agus teach beag ar cíos acu sna

Forbacha. Ina dhiaidh sin thógadar teach dá gcuid féin gar don áit ina bhfuil ardoifig Údarás na Gaeltachta agus is ann a thógadar a gclann. B'annamh a ghabhfadh Peig agus mé féin siar go Sáile Chuanna, baile dúchais Pheig, nach mbuailimis isteach ar cuairt ar Mháirín agus Nollaig agus a gclann. Amanta thugadh sé cuireadh dom breathnú ar leabhar nó iris nó litir éigin istigh sa seomra ina raibh a oifig aige. B'ábhar iontais dom i gcónaí an méid leabhar, irisí agus nuachtáin, go háirithe cóipeanna de *The Irish Press*, *The Connacht Tribune* agus irisí éagsúla a bhíodh istigh san oifig sin aige. Bhíodh siad carnaithe go deas néata in ord dáta ó urlár go síleáil ann. Ba duine é Nollaig a raibh intinn eagraithe aige agus bhí sin le feiceáil sa chaoi a bhí ar a leabharlann. Léirigh an leabharlann sin freisin leithead spéiseanna Nollaig.

Faoi dheireadh na seachtóidí ba mhinic Nollaig ag teacht go Baile Átha Cliath. Is dóigh liom go mbíodh sé go tráthrialta ag freastal ar chruinnithe Ghael-Linn. Blianta ina dhiaidh sin bhí sé ina bhall de choiste gnó Chonradh na Gaeilge agus, ar ndóigh, toghadh é mar uachtarán ar Chonradh na Gaeilge. Níorbh annamh é freisin ag freastal ar shochraidí Gaeilgeoirí, poblachtánaigh a raibh meas aige orthu agus fiú amháin daoine nach raibh an oiread sin measa aige ar a ngníomhartha! Chleachtaigh sé an sean-nós Gaelach agus Críostaí: na mairbh a chur ba chuma cérbh iad.

Nuair a thagadh sé go Baile Átha Cliath bhíodh fáilte roimhe i gcónaí fanacht linne i nDún Droma. Oícheanta Aoine, uair sa mhí nó mar sin, ba ghnách a thagadh an glaoch gutháin. 'Nollaig anseo. An bhfuil leaba agat dom?' Timpeall a naoi a chlog san oíche, nó níos déanaí, thagadh sé ón mbus. Bhíodh an cás beag bídeach céanna i gcónaí ar iompar aige.

Go hiondúil bhíodh glac beag gearrthán as nuachtáin eachtrannacha aige dom – gearrtháin a bhain le cúrsaí teangan. Níor nós leis ualach comhad agus tuarascálacha a iompar agus é ag taisteal. Bhí cuimhne fhoirfe aige agus bhí sé in ann cuimhneamh gan cúnamh páipéarachais ar na gnéithe éagsúla de gach ceist a phléifí. Is iontach an bua é sin ag duine ar bith.

Bhíodh an-fháilte ag na páistí roimhe agus bhíodh siad ag súil lena theacht. Ar ndóigh bhí an sean-nós Gaelach aige milseáin nó scilling nó dhó a bheith aige dóibh agus gan amhras chuir sin leis an fháilte a chuireadh siad roimhe! Bhí gean aige ar pháistí agus ag páistí air. Níorbh annamh an gean sin le sonrú sna hiarrachtaí a dhéanaidís cleas éigin a imirt air! Agus ní rabhadar gann ar chleasanna.

Nuair a bhíodh na páistí imithe a chodladh is ea thosaíodh an chaint a leanadh ar aghaidh go dtí a haon nó a dó ar maidin! D'fhéadfadh ábhar a bith bheith faoi chaibidil. Dhéantaí caint ar an stair agus b'in ábhar na céime a rinne Nollaig. Labhraítí freisin ar pholaitíocht, ar Ghaeilge, gluaiseacht na Gaeilge, cúrsaí reatha, iriseoirí agus iriseoireacht, mórmheáin chumarsáide, RTÉ, nuacht, ráflaí polaitiúla agus eolas faoi pholaiteoirí. Ní raibh aon teora lena chuid spéiseanna agus ba lú fós teora a chuid eolais. Bhí féith an ghrinn shearbhasaigh ann agus ba mhinic le linn na gcomhráití sin a phléascaimis ag gáire. Níor chaill sé riamh an acmhainn grinn sin. Fiú amháin roimh dheireadh a shaoil nuair a rinne dochtúirí an cinneadh danaideach go gcaithfeadh sé a dhá chois a chailleadh, bhí sé á chur féin i gcomparáid leis an Tadhg úd san amhrán frithliostála a d'fhág leathchos leis i Sevastapol!

Bhí go leor ábhar le plé ag an am a mbíodh Nollaig ar

cuairt againn. Bhí staid agus todhchaí na Gaeilge go mór faoi thrácht ag polaiteoirí agus sna mórmheáin Bhéarla agus Ghaeilge le linn thús agus lár na seachtóidí mar a bhí le linn na seascaidí roimhe sin. Níorbh annamh ar fad é ag an am sin scéal éigin a bhain leis an nGaeilge a bheith mar phríomhscéal ar leathanach a haon ar nuachtáin laethúla Bhéarla nó ar phríomhnuacht na teilifíse. Bhí cuid mhór de diúltach – bhí cúlú mór an Stáit ón nGaeilge nochtaithe go hoscailte faoin am sin ag Conradh na Gaeilge agus, faraor, ba rómhinic gurbh é fuath agus gangaid agus míghean ar an teanga náisiúnta, ar a pobal agus ar gach a bhaineann leis an teanga agus le náisiún stairiúil na hÉireann ba chiontsiocair leis an aird ar an teanga sna mórmheáin.

Bhí an lasair sa bharrach sna Sé Chontae le linn na mblianta ba mhó a raibh Nollaig in ann a bheith sárghníomhach mar iriseoir, scríbhneoir, craoltóir, staraí agus fear cúise. Bhí scéal agus dán na Sé Chontae go minic ar a intinn. Nuair a shíl sé go mbeadh tairbhe ar bith ann, níor leasc leis riamh breith ar an nguthán agus glaoch a chur ar dhuine ar bith – teachta Dála, taoiseach, uachtarán, easpag nó cairdinéal. Dá mhéid a ngradam ba ea ba lú an leisce a bhí air tabhairt fúthu. Dá mbeadh dóchas aige go gcuirfí tríd é ghlaofadh sé ar an bPápa féin! B'fhéidir go ndearna! Is cuimhneach liom oíche amháin ar fhan sé linne gur ghlaoigh sé ar an gCairdinéal Ó Dálaigh – duine nach mbeadh ag teacht le dearcadh polaitiúil Nollaig. Más buan mo chuimhne is ag ceartú ráiteas éigin de chuid an Chairdinéil a bhí sé. Ainneoin nár aontaigh go leor de na maithe móra lena dhearcadh polaitiúil, bhí an oiread measa acu air, nó b'fhéidir faitíos orthu roimhe, go nglacadh siad lena ghlaonna agus go bpléidís an cheist leis. Bhíodh sé i láthair go minic ag ardfheiseanna na bpáirtithe móra ó dheas. Bhí a fhios ag chuile dhuine nach ag tacú leo a bhí sé ach ag iarraidh dul i bhfeidhm ar chuid acu – agus gan amhras mheallfadh fiosracht an iriseora ann é chomh maith.

Cuimhním ar eachtra bheag a léiríonn a dhánacht agus a neamheagla. Bhí an tuairim nochtaithe níos mó ná uair amháin ag Nollaig gurbh é Peadar O'Donnell fíorúdar na n-aistí polaitiúla a scríobh Liam Ó Maoilíosa nuair a bhí Peadar agus Liam in aon chillín sa phríosún sular cuireadh Liam chun báis sa bhliain 1922. Bhí mé in éindí le Nollaig oíche ag cruinniú éigin a raibh Peadar O'Donnell ag freastal air. Anonn le Nollaig go Peadar: 'An tusa a scríobh na dréachtanna polaitiúla a chuirtear i leith Liam Uí Mhaoilíosa?' a d'fhiosraigh Nollaig go neamhbhalbh. Shíl mé láithreach go bpléascfadh Peadar, ach níor phléasc. Go deas cneasta dúirt sé gurb é Liam Ó Maoilíosa féin a scríobh. Níl a fhios agam ar chreid Nollaig é.

B'annamh ar fad é i láthair ag cruinniú poiblí ar bith nach labharfadh sé 'ón urlár'. Ní bhíodh nótaí meabhrúcháin ar bith ag teastáil uaidh, mar bhí a fhios aige go díreach céard a theastaigh uaidh a rá agus ba é a bhí cumasach ag labhairt le slua. Ach is cuimhin liom é ag cruinniú poiblí amháin a raibh ábhar casta éigin faoi chaibidil aige agus le linn an chruinnithe scríobh sé roinnt nótaí meabhrúcháin dó féin. Ar ball, le linn dó a bheith ag caint leis an slua, tharraing sé na nótaí meabhrúcháin amach as a phóca – ar chúl bosca cipíní solais a bhíodar scríofa aige.

Ainneoin go raibh postanna ag Nollaig mar oifigeach eolais, mar bhainisteoir eolais, mar léachtóir tríú leibhéal, níor éirigh sé as an iriseoireacht riamh. Déanta na fírinne, is dóigh liom go raibh snáth agus snaidhm amháin a d'aontaigh gach gairm a chleacht sé agus an obair ar fad a rinne sé – an síorthóir ar eolas, go háirithe eolas faoi chúrsaí na hÉireann, an fonn ollmhór a bhí air an t-eolas sin a roinnt ar dhaoine eile, agus an t-earra úd atá go hiomlán as faisean ar na saolta seo – tírghrá.

Bhí fuadar faoi. Ní dhearna sé sos ná cónaí ach é ag síorobair. Bhí sin le feiscint sa saothar ollmhór a thagadh óna chlóscríobhán in aghaidh gach bliana. Ba dheacair i gcónaí a thuiscint cén chaoi ar éirigh leis post lánaimseartha agus dualgais teaghlaigh a chomhlíonadh, agus anuas air sin an saothar mór scríbhneoireachta a rinne sé chomh maith leis an taisteal ar fud na tíre ag cruinnithe, éigsí agus sochraidí. Caithfidh go raibh sé de nós aige bheith ag obair go deireanach san oíche agus go moch ar maidin. Measaim gur thuig sé i gcónaí nach mbeadh dóthain ama aige ar an saol seo leis an eolas a bhí aige agus a bhí á thóraíocht aige a chruinniú, a roinnt ar dhaoine eile agus a chur ag obair mar ba mhian leis ar mhaithe le hathchruthú agus athbheochan na hÉireann.

MICHAEL LALLY

Príomh-Eagarthóir Nuachta RTÉ. As an mBóthar Mór i nGaillimh. Iar-chomhfhreagraí tionsclaíoch de chuid RTÉ News. Céimí de chuid Choláiste Teicniúil Réigiúnach na Gaillimhe.

FEAR MAORGA

Casadh Nollaig Ó Gadhra ormsa den chéad uair i dtús na seachtóidí. Níorbh fhada é imithe as RTÉ agus tagtha go Gaillimh le dul i mbun oibre le Ireland West. Bhí suim thar na bearta ag an mbeirt againn sa bpolaitíocht agus chastaí ar a chéile muid ag ócáidí a bhain léi.

Bhí mise ag críochnú mo chuid staidéir i gColáiste Teicniúil Réigiúnach na Gaillimhe (Institiúid Teicneolaíochta na Gaillimhe agus Mhaigh Eo anois) nuair a thosaigh Nollaig ag obair ar an bhfoireann ansin mar léachtóir. Bhí sé i mbun teagaisc ar an léann Eorpach mar chuid den chúrsa staidéar gnó. Ba dheas an t-athrú ar an áit é dúinne mar mhic léinn. Bhíodh fáil ar Nollaig i gcónaí taobh istigh agus taobh amuigh den halla léachta le labhairt linn; ba mhór a bhí idir é agus na léachtóirí traidisiúnta a raibh eolas againn orthu. Ní raibh a shárú le fáil ó thaobh saineolais ar pholaitíocht agus institiúidí na hEorpa. An cur síos is fearr a d'fhéadfainn a dhéanamh air, i dtéarmaí an lae inniu, go mba ghearr le leagan daonna de chóras cuardaithe Google é.

Tá dhá rud ar leith gur cuimhin liom faoin tréimhse sin. Ar leibhéal pearsanta thug sé ugach dom dul i dtreo na hiriseoireachta mar ghairm. Is minic ráite agam é nach mbeadh m'aghaidh tugtha agam ar an gceird gan a chuid tacaíochta. An dara rud, an ról cinniúnach, i mbeartas a chuir an coláiste i dtoll a chéile a bhain leis na trioblóidí i dTuaisceart Éireann. D'éirigh linn i 1974 ionadaithe ó sheacht gcinn déag de ghrúpaí éagsúla ón UDA go dtí an Ulster Workers Council, agus chaon eite de Shinn Féin, chomh maith leis na páirtithe polaitíochta ar fad ó dheas den teorainn, a thabhairt le chéile le labhairt go poiblí agus go príobháideach faoina raibh i ndán don tír. Gan tacaíocht agus saíocht Nollaig, ní bheadh a leithéid tarlaithe go brách. Ainneoin a chuid tuairimí láidire poblachtánacha féin, b'oscailt súl domsa an tuiscint a léirigh sé do dhearcadh na nAontachtóirí ó thuaidh.

Níor aontaigh mé le Nollaig i gcónaí agus go deimhin níor aontaigh sé liom, ach níor bhris mé amach leis riamh. Tá sé tábhachtach é sin a rá. Bhí féith na díospóireachta go smior ann agus ghlacadh sé ról an *devils advocate* air féin go minic. Ní raibh doicheall riamh air dul i mbun cómhra faoi ábhar nach mbeadh sé ar a shuaimhneas faoi. Ba mhinic liom locht a fháil air as a bheith ina *blow in* sa nGaeltacht agus níor theip riamh air géilleadh don saighdeadh. Mar sin féin, i ndáiríre, ní fhéadfaí a dhúthracht i leith na teangan a cheistiú. Go deimhin, is iomaí duine nach raibh ar a suaimhneas lena dhúthracht agus na luachanna a bhí aige – dúthracht a d'eascair as a dhílseacht iomlán don fhís a bhí aige d'Éirinn agus dá cultúr. Ní ag tochas ar a cheirtlín féin a bhíodh sé. Sin a bhí sainiúil faoi.

Nuair a chuaigh mé chun oibre le RTÉ bhí sé de shíor mar chara teileafóin agam. Uaireanta bhíodh sé cáinteach faoi mhionrudaí a cuireadh san áireamh nó a fágadh ar lár as tuairisc. Uaireanta eile is ag roinnt nó ar thóir blúire nua biadáin a bhain leis an bpolaitíocht a bhíodh sé. Bhí sé mealltach ina chuid cainte i gcónaí agus an t-eolas ar fad aige. Uair amháin le linn an tréimhse sin dúirt taoiseach na linne, Albert Reynolds, liom go raibh 'intinn pholaitiúil stuama chríonna' aige. Creidim ní hamháin gur moladh a bhí anseo ach gur cur síos cruinn a bhí ann. Ba mhinic, áfach, le Nollaig gan an chuid is fearr den tréith seo ann féin a léiriú. Ar bhonn pearsanta, ní mba dea-pholaiteoir é Nollaig. Ba mhinic leis a chuid tuairimí pearsanta a chur chun cinn ar an scéal ina iomláine. Go bunúsach, ní raibh mórán foighne aige le hamadáin. Ba mheascán idir pearsa acadúil suntasach agus polaiteoir de chuid na cosmhuintire a bhí ann, ar an eolas i gcónaí.

Nuair a bunaíodh TG4 d'athraigh a ról i mo shaol. Bhí sé de shíor ag éileamh go gcuirfí barr feabhais ar an obair. Go deimhin, bhí na caighdeáin a bhíodh dá n-éileamh aige ó thaobh na Gaeilge agus na hiriseoireachta an-ard! Dúirt mé leis go mion minic go dtiocfadh muid le caighdeáin níos ísle ó tharla nach raibh aon ollamh ollscoile ná buaiteoirí Pulitzer ar an bhfoireann againn (buíochas le Dia). Ar an ócáid seo, agus go deimhin roinnt mhaith ócáidí eile, ghlac muid leis nach ngéillfeadh ceachtar againn. D'fhéadfá sin a dhéanamh le Nollaig, gan aon dochar a dhéanamh don chaidreamh eadraibh.

Bhí sé gníomhach sa bhfeachtas agus ina bhall díograiseach de chomhairle bhunaithe TG4. (Dúirt sé liom iliomad uair nár aontaigh sé leis an athrú ainm.) Bhí fearg ann freisin do agus le RTÉ agus a laghad suime, mar ab fhacthas dó é, a chuir siad sa teanga. Bhí sé thar a bheith amhrasach faoin gcuid sin againn a bhí tagtha ó RTÉ mar go raibh imní air faoi na hualaí a bhí á dtabhairt linn againn ón eagraíocht. Bhí roinnt daoine míchompórdach lena dhearcadh ach d'aontaigh mise cuid mhór leis. Bhí go leor le foghlaim againn agus ní raibh aon údar gaisce ag aon duine againn i gcomhthéacs RTÉ. Fillim arís ar an tuairim seo go raibh ar a chumas tuairim a thabhairt gan easaontas a chothú: sásta i gcónaí éisteacht le malairt tuairime, fiú má tháinig sé salach ar a thuairim féin.

D'fhaighinn glaochanna laethúla ó Nollaig faoi ábhar nuachta, luachanna nuachta nó caighdeáin Ghaeilge gan a lua ach beagán. Fiú agus a shláinte ag teip chuireadh a chuid eolais agus chomh grinn agus a bhí sé iontas orm. Bhí sé chomh heolasach faoina raibh ag tarlú agus le tarlú. Bhí líonra teagmhálacha ollmhór agus suntasach aige. Nuair a chuaigh mé chun oibre le Concern Worldwide ar feadh tréimhse sna naochaidí thug Nollaig cúnamh arís dom le roinnt ainmneacha agus teagmhálacha. Chuir an líonra iontas arís orm. Ba mhinic a d'úsáid mé a ainm le mé féin a chur in aithne agus is iomaí doras a d'oscail romham dá bharr. Is nuair a tharla sin a thosaigh mé ag tuiscint a thábhachta mar phearsa.

Is iad na cuimhní pearsanta is fearr liom. Suite in éineacht leis i dteach mo mháthar ar an mBóthar Mór i nGaillimh ag tórramh mo dhearthár Tom (a d'oibrigh in éineacht leis freisin). Ní dhéanfaidh mé dearmad go deo ar a thacaíocht shimplí mhacánta . . . nár iarradh ach a tugadh go fial agus i gcónaí. Na léachtanna a thugadh sé, lán le heolas agus le léargas ach a thugtaí ar bhealach oscailte mealltach. An saineolas polaitiúil a bhí bunaithe ar dhúshraith láidir staire agus léinn gan trácht ar eolas áitiúil. Ní gá go n-aontóinn leis an adhmad a baintí astu ach ní raibh aon sárú riamh ar na fíricí.

Fear ildánach a bhí ann, fear a raibh luacha láidre teaghlaigh aige, scríbhneoir agus craoltóir, staraí, ach thar aon ní eile fear maorga a bhí ann a raibh luachanna láidre aige, luachanna bunaithe ar phrionsabail ar chreid sé iontu agus meas aige orthu ar feadh a shaoil. D'éiligh sé barr feabhais ar dhaoine eile . . . agus air féin freisin.

Ba chuid é den ghluaiseacht ilghnéitheach a chuir leis an tuiscint atá againn ar ár dteanga agus ar ár gcultúr. Bhí cumas ar leith aige dul i gcion ar thuairimí an mhórphobail agus é féin fanacht ar leataobh. In éineacht le laochra eile de chuid na cumarsáide Gaeilge sa nglúin sin ar nós Phroinsias Mhic Aonghusa agus Bhreandáin Uí Eithir, is fada a bheidh trácht ar an rian atá fágtha aige. Thuig sé na meáin, a dtábhacht agus a lárnaí agus atá siad ina bhfuil i ndán don Ghaeilge.

Ronnie O'Gorman

I mBóthar na Trá a rugadh agus a tógadh é. Le linn a chuid ollscolaíochta i Londain chuir sé suim i nuachtáin, go háirithe iad siúd a dháiltear saor in aisce. Nuair a d'fhill sé ar Ghaillimh chuir sé roimhe nuachtán dá leithéid a bhunú sa gcathair. Tá an Galway Advertiser *dá fhoilsiú ó mhí Aibreáin 1970 i leith.*

EACHTRAÍ LE NOLLAIG
Ó GADHRA

Ní cuimhin liom go díreach an dáta i 1972 ar casadh Nollaig orm ar dtús. Is cuimhin liom go soiléir fear ag siúl aníos chuig m'oifig agus raidió beag lena chluas aige. Sna blianta sin, ní raibh in oifigí an *Galway Advertiser* ach mar a bheadh áiléar beag ar chúl siopa fada leabhar.

D'iarr an fear labhairt leis an eagarthóir. Bhí an raidió fós lena chluais.

Dúirt mise, 'Heileó, tá tú ag caint leis.'

D'fhreagair sé, 'Shhh nóiméad amháin . . .'

Lean sé air ag éisteacht go grinn le rud éigin ar an raidió, chas sé na súile ina cheann mar gheall ar rud éigin seafóideach a bhí dá phlé, d'éist go cúramach arís, ansin leag sé uaidh an raidió (níor chas sé as é) agus shín amach a lámh.

Chroith muid lámh le chéile. Dúirt sé, 'Is féidir liomsa eagarfhocail i bhfad níos fearr a scríobh ná an t-amadán atá dá scríobh duit faoi láthair. Níl tuairim dá laghad ag an duine sin faoina bhfuil ag tarlú sa tír. Gan trácht ar aon tuiscint a bheith aige ar a bhfuil ag tarlú sa Tuaisceart. Ceap magaidh atá ann. Thaitneodh an post liomsa.'

Ba mise a bhí ag scríobh na n-eagarfhocal ag an am.

Rinne mé meangadh gáire. Bhí a fhios agam go raibh cuid den fhírinne sa méid a bhí dá rá aige. Bhí an oiread brú orm le cinntiú go bhfoilseofaí an *Advertiser* chuile sheachtain go scríobhtaí na heagarfhocail faoi dheifir ag an nóiméad deiridh.

Chuaigh muid isteach i m'oifig bheag bhídeach faoin síleáil íseal géar istigh faoin staighre. Bhí an raidió fós ag imeacht agus muid ag caint. Chuaigh Nollaig i bhfeidhm láithreach orm. Bhí loinnir ina chuid súile agus féith an ghrinn go láidir ann. Ní raibh sé i bhfad imithe ó Ghaeltarra Éireann agus é gaibhte i mbun oibre le Ireland West, eagraíocht fhuinniúil sna seachtóidí agus ochtóidí nuair a bhí Gaillimh ag brath, go hiomlán beagnach, ar thionscal na turasóireachta. Bhí sé i mbun pinn. Bhí sé faoi gheasa ag an India agus beathaisnéis scríofa aige de Mahatma Gandhi.

'Mahatma Gandhi! Dia dhár réiteach!'

Sea, agus é i mbun taighde ar bheathaisnéis mhéara ildánach Chicago, Richard J. Daley.

'Daley – go bhfóire Dia orainn.'

Labhair sé liom faoina chlann. Bhí an bheirt againn sa mbád céanna: páistí óga againn. Bhí an taithí chéanna againn ar an saol.

Bhí suim ar leith agam in athair a chéile, an t-údar Seán Ó Conghaile, a raibh roinnt leabhar scríofa aige faoina shaol i measc a phobail féin i gCois Fharraige. D'fhéadfaí iad a chur i gcosúlacht le *Fiche Bliain ag Fás* an Bhlascaoid. Bhí ómós ar leith ag m'athair féin, a raibh a shaol caite aige ag díol leabhar, d'údar ar bith a raibh sé de chumas iontu beathaisnéis a nascadh le seanchas agus béaloideas.

Bhí suim agam sa bhfear seo leis an raidió beag agus, mo náire, is ar mhaithe liom féin ar fad a bhí mé!

Ba dhúshlán ann féin nuachtán saor in aisce a bhunú i nGaillimh sna seachtóidí. Bhí seacht mbliana caite agam i Londain, mar mhúinteoir ar dtús, agus ansin mar chúntóir ag fear iontach, Walter Partridge. Bhí seisean ag obair le Westminster Press agus bhí oifig ollmhór aige i lár na cathrach. Creid, nó ná creid, is le linn don bheirt againn bheith ag iascach ar abhainn an Spidéil a casadh orm é. Nuair a chuala sé go raibh mé ag múineadh i Londain agus go mba iad na leabhair agus an fhoilsitheoireacht a bhí mar chúlra agam, bhí beagán déistine air!

'Cén fáth a bhfuil tú ag múineadh?'

'Bhuel, bíonn tú ag obair go dlúth le daoine eile, agus mar dhuine fásta foghlaimíonn tú rud éigin nua ó pháistí chuile lá.'

'Deargsheafóid. Má theastaíonn uait sult a bhaint as an saol dáiríre, téigh ag plé le foilsitheoir. Faigheann tú buillí crua agus ní chuireann sin comhairle ort, ach is slí bheatha bhríomhar iontach é ar feadh do shaoil.'

Nuair a thosaigh mé ag obair mar chúntóir ag Walter, bhí Westminster Press ag seoladh nuachtáin saor in aisce ar fud na Breataine. Bhí dianchoimhlint idir na foilsitheoirí, ar theastaigh uathu a bheith ar an gcéad dream le nuachtán saor in aisce a dháileadh i gcathracha agus i mbailte na Breataine.

Rud amháin a d'fhág an lámh in uachtar ag Westminster Press gur aithin siad rud amháin i ngach pobal nua a raibh tóir ar leith air. Más foireann sacair a bhí ann, foilsíodh ceannlínte móra arda ag moladh na foirne: cuir ticéid ar fáil, tarraing scoileanna isteach sa scéal, inis scéalta faoi na himreoirí is fearr; más páirtí polaitiúil a bhí i gceist, cuir dlús leis an gcló agus mol iad go hard na spéire. Ba mhinic rath ar an bpolasaí. I nGaillimh thóg sé tamall orm gné de shaol an phobail a raibh luí ar leith agam leis a aimsiú.

Agus barr ar an mí-ádh, cé go raibh mo raibh mo mhuintir i mbun gnó i gcathair na Gaillimhe ó na 1890idí i leith, bhí canúint Londan orm. D'airigh mé i gcónaí gur strainséara mé. Agus mé ag éisteacht le Nollaig chuaigh cúpla rud i gcion orm: a dhúthracht i leith na Gaeilge, chomh maith le tábhacht agus ionracas na Gaeltachta (fad agus a chuirfí maoiniú agus struchtúir chearta ar fáil di); an imní a bhí air faoina laghad tuisceana agus a bhí ag go leor iriseoirí ar na heachtraí uafásacha a bhí ag tarlú i dTuaisceart Éireann. Ag éisteacht leis agus a phearsantacht bhríomhar, a bhí bunaithe sa gcultúr Gaelach, rith sé liom go raibh duine aimsithe agam a bheadh in ann nasc a chothú idir an nuachtán beag seo agus an pobal.

Chroith muid lámh. Ní hamháin go scríobhfadh Nollaig na heagarfhocail dúinn, chuir an *Advertiser* tús le colún nua seachtainúil, 'Galway Gleanings', a chuir ar a chumas tráchtaireacht a dhéanamh ar phearsantachtaí, imeachtaí na gcomhairlí áitiúla agus ócáidí eile sa gcathair. Comhpháirtíocht thairbheach a bhí inti ar feadh beagnach deich mbliana.

* * *

Mar sin féin, bhí Nollaig den tuairim go raibh cúpla ceacht le foghlaim ar dtús. Maidin Shathairn amháin, bhuail muid bóthar go Doire ar cheann de na turais is neamhghnáthaí de mo shaol.

Bhí Doire bocht i gceartlár an uafáis. Chonaic muid na siopaí agus na foirgnimh dhóite. Chonaic muid na saighdiúirí Breataineacha. Bhreathnaigh cuid acu orainn ó fhoscadh na málaí gainimh, tuilleadh acu ina seasamh i ngrúpa de thriúr, ansin timpeall an chúinne agus grúpa d'ochtar nó deichniúr a bheadh ann. Sheas muid ar bhallaí na cathrach ar Thaobh an Bhogaigh agus eastáit an Chreagáin in aice láimhe. Bhí busanna agus carranna scriosta agus dá n-úsáid mar fhallaí cosanta chomh maith le giarsaí iarainn agus leacracha móra cloch. Ní raibh i ndán d'aon ionróir i gceachtar áit ach an bás.

Bhí tae againn i dteach Eddie McAteer, sean-náisiúnach den mhúnla a bhraith mise a bheith dá mbrú de leataobh ag an náisiúnachas nua a bhí ag teacht chun cinn. Duine lách féiltiúil a bhí ann.

'Is cogadh atá ann. Tá sé cosúil le Vítneam. Tá sé níos measa ná 1922. Tá cuntas dá choinneáil ag cara liom ó 1971 i leith. Sa tréimhse sin, ní raibh ach sé lá dhéag nuair a bhí suaimhneas ar na sráideanna. Ní fiú agus gur ábhar nuachta é níos mó, ach tarlaíonn sé de réir an chloig: ag a ceathair a chlog laethanta na seachtaine nuair a dhúnann na scoileanna, agus ag a trí a chlog ar an deireadh seachtaine.'

Sheas muid ag an aon teach Aontachtach ina labhrófaí linn, dar le Eddie McAteer. Bhuail mise clog an dorais. Bhí cuma chairdiúil go maith ar an bhfear, go mba comhairleoir cathrach aitheanta é, go dtí gur iarr sé cé mé féin. Dúirt mé leis go raibh mé ag obair le nuachtán saor in aisce i nGaillimh agus gur mhaith liom a thuairim a fháil faoin staid ina raibh cúrsaí.

Thug sé drochbhreathnú orm

'I don't like speaking to journalists from the South, and I can't abide those f*** free papers!'

.

PÁDHRAIC Ó CIARDHA

Tá Pádhraic ina Leascheannasaí ar TG4 ó bunaíodh Teilifís na Gaeilge i 1996. Thosaigh sé ag obair le craoltóireacht na Gaeilge i 1979 nuair a fuair sé post le Raidió na Gaeltachta. Cheap aire cumarsáide na linne, Máire Geoghegan-Quinn, ina chomhairleoir ar pholasaí craolacháin é sna naochadaí, agus cheap an tAire Michael D. Higgins an athuair é le linn phróiseas bunaithe TnaG.

Dave Geary, Mary Geary (gúna céad
chomaoineach), Nollaig Ó Gadhra (chun
tosaigh), Michael Geary (i ngabháil a athar).
An teach sa mbaile i bhFíonach sa gcúlra.

Lá céad chomaoineach Nollaig.
Lena dheirfiúr Mary agus a dheartháir
Michael.

Nollaig agus a pheata asail, Amos.

Nollaig sa mbaile i bhFíonach.

Muintir Uí Ghadhra: Mary, Nollaig agus Michael, le beirt chol ceathracha a bhí ar cuairt as Sasana, Deirdre agus Stella Flynn.

Pictiúr scoile.

Lá bronnta na céime in UCC.

I mbun oibre i mBaile Átha Cliath.

5 Meán Fómhair 1970. Phós sé Máirín Ní Chonghaile as na hAille i gCois Fharraige.

Ó chlé: Michael Geary, Hannah Geary, Nollaig agus Máirín, Dave Geary, Mary O'Donoghue, Pádraig Ó Donnchadha agus Niamh Ní Dhonnchadha.

Ó GADHRA-NÍ CHONGHAILE : Nollaig
Ó Gadhra, Fíodhnach, Co. Luimnigh, agus
Máirín Ní Chongaile, Cnoc na hAille, Ind-
reabhán, Co. na Gaillimhe, a pósadh i Séipéal
an Chnoic, Co. na Gaillimhe.

Nollaig agus a iníon Máirín Óg.

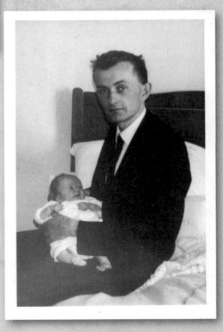

Céad bhreithlá Mháirín Óg. Ó chlé: Seán Ó
Conghaile, Nollaig, Máire Uí Chonghaile, Hannah
Geary, Dave Geary, Máirín, Máirín Óg agus páistí
Brown (comharsana).

Maurice Flynn (uncail le Nollaig as Ciarraí) le
Máirín agus Máirín Óg.

Máirín, Nollaig agus Máirín Óg. Ag láthair an tí a
thóg siad sna Forbacha.

Seán Ó Conghaile, Nollaig, Máire Uí Chonghaile, Daithí Ó Gadhra agus Máirín Uí Ghadhra sna hAille.

Nollaig agus Michael lena mbeirt iníonacha: Sandra Geary (ag Nollaig) agus Máirín Óg.

Muintir Uí Ghadhra ar cuairt ag Teach an Phiarsaigh le Ruairí, Meait, Deirdre agus Ruairí Óg Ó Brádaigh. Tá Seán Ó Conghaile sa bpictiúr freisin.

Nollaig, Máirín Óg agus Daithí. Ar cuairt ar Stephen Fuller, an t-aon duine a tháinig slán ó shléacht Bhaile Uí Shíoda i gCiarraí i 1923.

Le hUachtarán na hÉireann, Pádraig Ó hIrghile, ag seoladh leabhair i 1983.

Cóineartú Mháirín. Sa bpictiúr le muintir Uí Ghadhra, tá an tEaspag Éamonn Casey a mbíodh Nollaig i dteagmháil rialta leis.

Ag uaigh Karl Marx i Reilig Highgate le linn saoire i Londain i 1983.

Chaith Nollaig seal ag staidéar i Heidelberg na Gearmáine.

Le linn cuairt abhaile go Fíonach.

Comóradh ag teach na mbocht i dTuaim faoi Cháisc 1985. Nollaig le Máirín, Daithí agus Siobhán.

9 Meán Fómhair 2000. Pósadh Mháirín Óg le Séamus Mac Donnchadha.

Ag damhsa le Siobhán ag bainis Corina Conneely (iníon dearthár le Máirín).

Nollaig agus Máirín le linn cuairte ar Nua-Eabhrac. Barra Ó Donnabháin (chun tosaigh ar chlé). John McDonagh (in aice le Nollaig)

Bainis teaghlaigh i gCiarraí. Nollaig, Mary agus Michael lena gcéile: Máirín Ní Chonghaile, Pádraig Ó Donnchadha agus Josephine O'Connor.

Sa bpictiúr seo tá Daithí, an t-iar-Thaoiseach Albert Reynolds, Mary Hanafin, Máirín, Máire Nic Suibhne Brugha.

Roinnt pictiúr ó ócáid bronnta Ghradam an Phiarsaigh a bhronn an tAire Oideachais ag an am, Mary Hanafin, air.

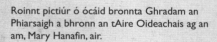

LON NOLLAG UÍ GHADHRA

Nollaig Ó Gadhra

Remembered Fondly By His Fans, Friends & Colleagues In An T-úll Mhór

November 16, 2008

Hugh Ó Lunney's
Times Square
New York City

Cáirde na Teanga Nua Eabhrac

LÓN

Nollag Uí Ghadhra

Cuimnithe Le Dúil
Le na Lucht Leanúna,
Le na Cháirde,
& Le na Chómaltaisí
san Big Apple

16 Samhain 2008

Teach Aodh Óluínigh
Times Square
Nua Eabhrac

Cáirde na Teanga • Nua Eabhrac

CÁRTAÍ POIST Ó MO
CHUIMHNE

RnaG

Ní túisce mé ceaptha mar chéad chlár-reachtaire buan Raidió na Gaeltachta i mBaile Átha Cliath i samhradh na bliana 1979 (suite ag deasc sa seomra nuachta in RTÉ), ná ar ghlaoigh Nollaig le liosta daoine san eagras sin a bhí le seachaint. Bhí dornán (beag) daoine eile arbh fhiú a bheith istigh leo, dar leis

Ar ndóigh, cuireadh m'ainm ar a liosta poist agus feicim fós buachaill an phosta sa seomra nuachta ag siúl anuas go malltriallach i mo threo leis an mbeartán seachtainiúil agus, '*Another Valentine from your friend, Mr Ó Ciardha,*' ar a bhéal go searbhasach. D'oscail mé chuile chlúdach agus tig liom a rá gur fhéach mé ar chuile leathanach – agus gur thriail mé meabhair a bhaint as na notaí a bhí breactha le peann ag Nollaig orthu – ach ní i gcónaí a d'éirigh liom san iarracht. Ní cuimhin liom gur chuir sé forrán riamh orm faoin neamhaird a rinne mé de 95% den ábhar seo.

RTÉ

Nuair a fuair sé amach (romham féin, seans) go raibh mé le bheith sa meitheal a bhunaigh an clár nuachta *Morning*

Ireland i 1984, mhéadaigh a shuim ionam, sílim. Bhí sé den tuairim gur nead *Free Staters* a bhí in go leor de mo chomhghleacaithe agus go mbeadh ról lárnach agamsa ag cabhrú leis oiliúint a chur orthu agus cothrom na féinne a chinntiú don taobh eile.

Níor mhaolaigh an postas – ach mhéadaigh na glaonna gutháin. Ní raibh comóradh ar chath, scoilt ná scliúchas ó Theitheadh na nIarlaí anuas nár mheabhraigh sé dom, go minic leis an aguisín, 'Dar ndóin, tá a fhios agat go maith nach dtabharfar cead duit é a dhéanamh,' ina dheireadh.

Thagadh corrghlaoch moltach tar éis agallaimh nó míre – ach níorbh é sin a ghnás. Ghlac sé leis go mbeadh chuile mhír ar ardchaighdeán a theastaigh uaidh féin agus níor ghá dul i bhfad scéil leis nuair nach raibh.

Cuideachta Ghael-Linn

Bhí muid inár gcomhaltaí le chéile ar feadh roinnt blianta. Thagadh an fiche duine nó mar sin le chéile uair sa ráithe i gceannáras an eagrais i gCearnóg Mhuirfean. Bhíodh lón éadrom roimhe agus gloine fíona leis don té ar mhian leis sin. Mar ba dual dó, is ar an traein a thagadh Nollaig aniar, isteach go Easons nó an Siopa Leabhar ar a bhealach go Gael-Linn. Bhí a fhios aige go mbeinnse ag dul abhaile thar Stáisiún Heuston ag deireadh an chruinnithe.

Shuíodh sé lem ais, d'éisteadh go grinn le gach rud a dúirt ardfheidhmeannaigh an eagrais ó bharr an tseomra agus chuireadh ceist ghéarchúiseach ag tús an phlé oscailte. Thiteadh sé ina chnap codlata ansin ar feadh tamaill.

Nuair a bhíogadh sé arís, chuireadh ceist. Ansin bhreathnaíodh sé suas ar Dhónall Ó Móráin agus deireadh, 'Go raibh maith agat as an méid eolais sin a thabhairt dom –

ach tá coinne tábhachtach eile agamsa agus ag an bhfear seo lem ais,' agus seo leis an mbeirt againn amach as oifigí Gael-Linn agus siar go Heuston le go léifeadh sé an beartán nua nuachtán, irisí agus leabhra a bhí bailithe aige ó mhaidin ar a shuaimhneas.

Comhairleoir ag Airí Rialtais

Chuir mo cheapachán mar chomhairleoir craolacháin Ghaeilge Mháire Geoghegan-Quinn i 1992 iontas ar go leor daoine (mé féin ina measc) ach nuair a chuimhním siar anois air, níor léirigh Nollaig aon iontas mór faoi agus é ag caint liom (ar mo chéad lá sa bpost sin, dar ndóigh).

Fios a bhí uaidh, mar ba ghnách: cá raibh m'oifig, ainmneacha na státseirbhíseach is mó a bheadh ag plé le scéal na teilifíse Gaeilge, cén aithne a bhí agam ar Albert Reynolds, an raibh m'uncail sa Longfort mór le Albert Reynolds? srl. (Ag sochraid an uncail chéanna blianta ina dhiaidh sin dúirt Albert liom agus é ag croitheadh mo láimhe, 'Make sure to tell Nollaig that I was here,' agus meangadh air).

Bhí eolas dochreidte aige ar chúlra gach mórphearsan sa Roinn agus breithiúnas (iomrallach go maith uaireanta) ar a ndearcadh i leith na teanga agus ceist an Tuaiscirt (nílim cinnte gur chreid Nollaig go raibh aon cheisteanna fiúntacha eile ann, le bheith fírinneach faoi).

Seans go raibh an tAire Cumarsáide sásta go maith go raibh duine ceaptha anois aici a ghlacfadh cuid den ualach uaithi ar an gceist seo. Níor mhiste léi ach oiread, cheapfainn, go raibh mé féin agus Nollaig cairdiúil go maith – cé nach i gcónaí muid ar aon fhocal faoi chuid de na buncheisteanna a bhain le bunú an chainéil nua Ghaeilge.

Lean an seachadadh seachtainiúil cáipéisí chugam agus

mhéadaigh na glaonna gutháin (agus chuaigh mé ar liosta ghlaonna an Domhnaigh timpeall an ama seo freisin) – ardú céime de chineál, is dóigh.

Ní thig liom a rá gur mhair an flosc comhfhreagais ar an toirt chéanna nuair a d'athcheap Michael D. Higgins sa ról céanna mé i 1993 nuair a d'athraigh an rialtas. Faoin tráth seo bhí Nollaig féin ar Chomhairle TnaG agus teacht aige ar bhealach eile ar chuid den eolas a bhí uaidh. Mheabhraínn dó freisin go raibh seisean freagrach as a raibh beartaithe: 'Ní imreoir ar an gclaí thú anois!'

Comhairle TnaG

Ní cuimhneach liom gur fear éifeachtach ar choiste a bhí ann. Is mar imreoir aonair is fearr a d'fheidhmigh sé, sílim.

Thagadh sé chuig na cruinnithe ar fad agus cruit air lena raibh de cháipéisí ina mhála. D'éisteadh sé go cúramach lena raibh á rá, ligeadh corrosna as nuair a bhíodh sé ag easaontú le tuairimí na gcomhaltaí eile (go háirithe comhaltaí RTÉ) agus ní an oiread cainte a thagadh óna bhéal féin.

Ábhar na gclár agus an líne eagarthóireachta sa Nuacht is mó ba shuim leis, sílim agus b'ardú croí dó an seasamh a glacadh gur i gCeannáras TG4 seachas i Montrós a bhí an Nuacht le cur le tiomsú agus le léiriú. Dá léireodh TnaG na cláracha ar fad a mhol Nollaig ar théamaí staire (Cogadh na Saoirse agus ar lean as ar feadh fiche bliain) ní bheadh am sa gclársceideal d'aon rud eile ar feadh na fiche bliain ó bunaíodh muid.

B'iontach intinn chomh domhain agus chomh neamhspléach a bheith ar fáil dúinn agus thug sé ár ndúshlán gan fuacht, faitíos ná fabhar, rud nach ndearna dochar ar bith dúinn ach a mhalairt (rud nár thuig muid ag an am, b'fhéidir).

Ba mhinic an ceart aige – ach bhíodh sé mícheart freisin faoi rudaí – ach ní leanfadh aon mhailís ar cheachtar taobh, cuma céard a tharla.

Leascheannasaí TG4
An rud is mó is cuimhneach liom faoin tréimhse seo inár gcaidreamh (a mhair go dtí a bhás) ná go mbuaileadh an fón agus gur i lár abairte (gan 'Dia dhuit' ná a ainm féin a lua) agus i mBéarla go minic a thosaíodh sé: '*Of course Fine Gael would be half hoping for that* . . .' agus bheadh ort ansin tomhas cé faoi a bhí sé ag caint agus cén beart ar cheart do TnaG/TG4 a dhéanamh leis an scéal/ceist/conspóid/bréag a chur ina cheart

Creidim gur thuig sé faoin tráth seo nach raibh leigheas gach ceiste ag TG4 ná ar ár gcumas leatrom agus faillí na mblianta a chúiteamh i gcúpla bliain – ach lean sé air ag soláthar léirmheasa, ag moladh smaointe clár, ag ceartú botún agus ag fáil locht ar an rogha cainteora / staraí / láithreora ar bhonn seachtainiúil.

Adieu
Nuair a chaith sé seal san Ionad Náisiúnta Athshlánúcháin i nDún Laoghaire bliain sular bhásaigh sé, théinn ar cuairt aige agus leanadh leis an iomarbhá. Bhí ráite ag a bhean Máirín liom (bean as mo bhaile féin, ar ndóigh) gan a bheith ag tabhairt aon rud milis chuige ach go raibh dúil ar leith aige i dtrátaí beaga – agus go raibh siad go maith dó freisin.

Síos liom go Tesco gur cheannaigh mé boiscín agus bhaineas an lipéad den chlaibín amhail is gur ón mbaile a tháinig siad. Thug mé dó iad ach diabhal suim a chuir sé iontu ach ag clabaireacht leis mar ba ghnách. Agus mé ag imeacht mheabhraigh mé dó iad a thriail. 'Ar ball b'fhéidir,' a deir sé. 'Aithním gur cinn siopa iad – bhíodh cinn dheasa ag do mháthair sa teach gloine!'

Is ag Léacht Bharra Uí Dhonnabháin, a thug mé i Nua-Eabhrac an bhliain tar éis a bháis, a thuig mé an gean a bhí ar Nollaig ag a chairde i Meiriceá, rud a chuir siad in iúl go glórach nuair a thug mé ómós beag do le linn trácht a dhéanamh air.

Rith sé liom gur beag ómós a thug mé dó agus é ina bheatha – ach má tá siopa maith leabhar san áit thuas, beidh sin aige nuair a léifidh sé seo. Coinneoidh mé súil amach d'fhear an phoist . . .

Antóin Ó Dorchaidhe

Luimníoch a bhfuil blianta fada caite aige i nGaillimh. Bhí sé féin agus Nollaig ina gcomhghleacaithe ar feadh blianta fada i gColáiste Teicniúil Réigiúnach na Gaillimhe (Institiúid Teicneolaíochta na Gaillimhe agus Mhaigh Eo anois).

Cuimhní Comhghleacaí

Tharla go raibh mé féin agus mo bhean chéile ar saoire i Londain i samhradh na bliana 2008 nuair a fuair muid an scéala go raibh Nollaig Ó Gadhra imithe ar shlí na fírinne. Ghoill an scéal seo go mór orm, mar bhí a fhios agam go raibh doras tar éis dúnadh orm ar an oiread ar díol spéise is luacha dom é agus a thug an oiread sin taitnimh dom, doras nach bhféadfaí a athoscailt choíche. Mothaím uaim i gcónaí é.

Chas mé leis ar dtús nuair a tháinig mé go Gaillimh chun oibre ag ceanncheathrú Ghaeltarra Éireann sna Forbacha. Bhí mé tar éis tréimhse fhada a chaitheamh ag obair i nGaeltachtaí Dhún na nGall. Faoin am sin cuireadh tús leis an gColáiste Teicniúil Réigiúnach i nGaillimh agus ar ball ghlac mé post ann mar léachtóir, rud a rinne Nollaig féin go gairid ina dhiaidh sin. Bhíomar beirt mar bhaill den rannóg staidéar gnó. Bhí formhór na hoibre sa rannóg ar siúl trí mheán an Bhéarla, ach bhí cúrsa gnó amháin tar éis tosnú trí Ghaeilge, cúrsa a bhí dírithe go mór mór ar aos óg na Gaeltachta. Ós rud é go mbeadh muid beirt páirteach, a bheag nó a mhór, i soláthar an chúrsa don Teastas Náisiúnta i Staidéar Ghnó thar na blianta a bheadh le teacht, bhí deiseanna go leor againn chun aithne a chur ar a chéile.

I gContae Lumnigh a rugadh agus a tógadh Nollaig, gar go leor do theorainneacha Chorcaí agus Thiobraid Árann, i gcroílár na Mumhan, d'fhéadfá a rá. Bhí sé an-eolach ar chultúr agus ar stair na hÉireann, ar an teanga Ghaeilge agus ar mhuintir na tuaithe. Tharla gur fhás mé féin aníos i gcathair Luimnigh, gurbh as an Mumhain formhór mo mhuintire agus gur chuir mé spéis óm óige sa Ghaeilge. Anuas air sin bhí roinnt taithí agam ar Ghaeltachtaí eile seachas Gaeltachtaí an Tuaiscirt. Ní ionadh, mar sin, go mbeadh tuiscint ar leith eadrainn araon ar chuid mhaith nithe. Ar ndóigh ní hionann sin is a rá gur aontaigh muid faoi gach rud!

Ós rud é gur ráiteas é seo ar an idirphlé a bhí ann eadrainn thar na blianta, déanfaidh mé tagairt i dtús báire d'áit na Gaeilge. Ba í an Ghaeilge an ghnáth-theanga a labhair Nollaig agus mé féin le chéile, leis an bhfoireann a mhúin ábhair trí mheán na Gaeilge, le mic léinn na gcúrsaí trí Ghaeilge agus le cibé eile sa choláiste a bhí sásta í a labhairt linn. Bhí sé deacair go leor, áfach, cruinniú foirne a reáchtáil trí Ghaeilge amháin, mar is annamh ar fad go mbeadh labhairt nó tuiscint na Gaeilge ag gach aon duine i láthair ann.

Ba bhuntáiste thar cuimse againn saineolas Nollaig ar labhairt agus ar scríobh na Gaeilge a bheith ar fáil dúinn, gan trácht ar an eolas forleathan a bhí aige faoi na Gaeltachtaí go léir. Sheas a cháil mar údar leabhar, mar scríbhneoir agus mar thuairisceoir sna meáin chumarsáide mar thaca dár n-iarrachtaí ar fad sa choláiste. Chomh maith leis sin bhí spéis aige i gcúrsaí polaitíochta ar gach aon leibhéal, ón bparóiste go himeachtaí na Náisiún Aontaithe. Ní ionadh mar sin gur chuir sé spéis ar leith san Aontas Eorpach, ar thosaigh Éire mar bhall ann ag tús na bliana 1973.

Nuair a thosaigh cúrsaí sa gcoláiste teicniúil réigiúnach i

nGaillimh rinneadh an obair a roinnt faoi cheithre cheannteideal: eolaíocht, innealtóireacht, óstaíocht agus lónadóireacht, agus staidéar ghnó. Cinneadh go mbeadh dhá uair sa tseachtain de theagasc ann ar ábhair ghinearálta, seachas ábhair theicniúla, an chúrsa. Chuige sin fostaíodh dream léachtóirí a raibh cúlraí acu i réimsí mar chumarsáid, fealsúnacht, litríocht, seandálaíocht, agus a lán eile.

I dtús báire níor cuireadh scrúduithe ar na mic léinn i leith na hoibre a rinneadh, ach le himeacht aimsire ceapadh go mb'fhearr curaclaim nua a leagan síos, na hábhair a scrúdú agus marcanna a chur san áireamh i dtorthaí na bliana, cosúil leis na hábhair eile. Sa dóigh seo tháinig an t-ábhar léann Eorpach ar an saol, ábhar a mhúin Nollaig ar feadh blianta fada.

Mhúscail ballraíocht na hÉireann san Aontas Eorpach suim i measc mhuintir na hÉireann i mórtheangacha na hEorpa agus i dtaisteal ar an mór-roinn. Chuaigh dream ó Ghaillimh, a raibh Nollaig agus mé féin leo, go Beirlín na Gearmáine, ag seasamh tamall in Amstardam ar an mbealach. Tharla ag an am sin go raibh Beirlín i seilbh bhuaiteoirí an Dara Cogadh Domhanda: Stáit Aontaithe Mheiriceá, an tAontas Sóivéadach, an Bhreatain agus an Fhrainc. Bhí na Rúisigh bunaithe i mBeirlín Thoir agus na daoine eile in mBerlín Thiar. Bhí Falla Bheirlín ag roinnt an dá chuid ó chéile. Bhí Beirlín féin ar nós oileáin, scartha ón Iar-Ghearmáin i bhfad i lár Ghearmáin an oirthir. Bhí teannas ann idir cumhachtaí an Iarthair agus an Rúis, ach bhí an scéal i bhfad níos fearr ansin ná mar a bhí sé blianta roimhe, agus bhí cead ag cuairteoirí eachtrannacha cuairt lae a thabhairt ar oirthear na cathrach. Fuair muid traenacha san Ollainn, shrois an Iar-Ghearmáin agus, ag tarraingt ar bhreacadh an lae, shrois an Cuirtín Iarainn, an teora idir iarthar agus oirthear. Lasadh na soilse ar an bhfál ar fad ar feadh meandair, agus d'fhéadfá an teora a fheiceáil ag síneadh uainn i bhfad ó chlé is ó dheis. Baineadh preab as duine a bhí ag breathnú amach fuinneog na traenach nuair a chonaic sé saighdiúir le raidhfil ar a ghualainn ag cur madra faoi charráiste na traenach. Chuaigh muid isteach go Beirlín Thiar agus bhí gach cuma ar an áit go raibh na daoine go maith as. Ní mar sin a bhí sé i mBeirlín Thoir. Bhí mná ag caitheamh éadaí saora cadáis, fiú in aimsir an-fhuar. Mhothaigh muid go raibh muintir an Oirthir rud beag níos carthanaí dá chéile ná muintir an Iarthair – athraíonn críochdheighilt meonta agus tuairimí daoine uaireanta de réir dealraimh. Fad is a bhíomar ann tháinig ceannairí rialtas an Iarthair le chéile i mBeirlín Thiar agus bhí taispeántas poiblí míleata ann. Ceapadh go raibh sé tábhachtach a chur ina luí ar an Rúis go raibh siad i ndáiríre faoi Bheirlín Thiar a chosaint. Thapaigh Nollaig an deis chun tuairisc faoi seo a chur chuig Raidió na Gaeltachta! Ní raibh iomrá ar bith ar athaontú na Gearmáine ag an am.

Chuir Nollaig suim mhór i gcúrsaí na Sé Chontae nó Tuaisceart Éireann mar is fearr lena lán tagairt dóibh. Bhí roinnt taithí agam féin ar an Tuaisceart as a bheith ag obair agus as a bheith im chónaí i nDún na nGall. Tharla go raibh mé ag obair tráth i gcomhar le grúpa cuideachtaí a raibh ball eile de suite gar do chathair Bhéal Feirste. Ba mhinic teagmháil againn le chéile chomh maith le cuairteanna a thabhairt ar a chéile. Bhíodh lear mór cuairteoirí samhraidh, de gach aon aicme sa Tuaisceart, i gcónaí ag teacht chuig Contae Dhún na nGall. Ní bheinn ag maíomh go mba shaineolaí mé féin ar fhadhbanna an chúige, ach bhí mé sásta go raibh tuairimí fhormhór na n-aicmí cloiste agam agus gur thuig mé conas mar a sheas siad. Labhair mé féin agus

Nollaig go minic faoi imeachtaí Ultacha thar na blianta. Amanna bhíodh muid ar aon intinn fúthu; uaireanta eile níor aontaigh muid ar chor ar bith. Tá a fhios agam gur léirigh sé suim i dtuairimí daoine de bhunadh an Tuaiscirt sa choláiste. Sílim go raibh sé buíoch díom as mo chuid tuairimí agus as mo chuid scéalta. D'inis mé scéal dó faoin teicneoir a tháinig chugainn ó chroílár na ndílseoirí i gContae Aontroma. Bhí an tUltach ar a bhealach anuas an staighre san óstán sa Ghaeltacht, a raibh sé ag seasamh ann, nuair a chonaic sé bean ag bun an staighre ar tí teacht aníos. Bheannaigh sé di i mBéarla láidir Ultach. 'Ó,' ar sí i mBéarla, 'gabh mo leithscéal – ach níl aon Ghaeilge agam.'

Rud ar leith a bhain le Nollaig ná an méid daoine cáiliúla i réimsí éagsúla den saol a raibh teagmháil aige leo, idir pholaiteoirí, iriseoirí, lucht ollscoile, chléirigh agus a lán eile nach iad. D'eascair sé seo as a chuid scríbhneoireachta sna páipéir nuachta agus i dtréimhseacháin i mBéarla agus i nGaeilge araon. Is cuimhin liom an uair a tugadh cuireadh don Mhoinsíneoir Ó hÓráin, nach maireann, go dtí an coláiste chun léacht a thabhairt i nGaeilge faoin aerfort nua a bhí tógtha acu gar do Chnoc Mhuire i gContae Mhaigh Eo. Ba é Nollaig a mhol don chumann caidrimh sa choláiste an cuireadh a thabhairt, agus cé go raibh forbairt an aerfoirt ina cúis mhór chonspóide faoin am sin, fuair an Moinsíneoir éisteacht bhéasach ag an léacht, agus baineadh tairbhe agus taitneamh as an oíche. Ná ceaptar, áfach, go ndéanfadh Nollaig beag is fiú den chosmhuintir. Bhíodh sé i gcónaí réidh le cearta daoine a chosaint. Bhí an-suim aige sna hÉireannaigh a bhí scaipthe ar fud na cruinne, go háirithe i Sasana agus i Meiriceá. Choinnigh sé teagmháil le lucht na bpáipéar nuachta dírithe ar inimircigh Éireannacha sna tíortha sin. Is cuimhin liom cás ina raibh sé fial lena chuid ama ag tabhairt cúnaimh do theaghlach de bhunadh na hÉireann, a raibh cónaí orthu i Sasana, lena gcuid fiosruithe in Éirinn.

Is iad na hábhair a raibh baint ag Nollaig leo mar léachtóir ná cumarsáid, léann Eorpach agus Gaeilge. Bhíodar san ina gcodanna de chúrsaí éagsúla trí mheán an Bhéarla a bhíodh ar siúl i ranna difriúla sa choláiste. Ba é an cúrsa trí mheán na Gaeilge an cúrsa ba mhó ar bhain sé leis. Chuir sé an-spéis i leabharlann na hinstitúide chomh maith, agus go speisialta i leabhair as Gaeilge. Thar na blianta d'fhás an coláiste agus cuireadh athruithe ar an gcóras riaracháin ó am go chéile. Institiúid teicneolaíochta atá ann le fada, agus tá an cúrsa gnó agus cumarsáide trí mheán na Gaeilge ar fionraí le tamall anuas. Gan amhras bheadh díomá ar Nollaig faoi sin.

Mar fhocal scoir caithfidh mé tagairt a dhéanamh don troid ab éigean dó a fhearadh ar an tinneas ó am go chéile, agus cé chomh cróga is a d'fhulaing sé pian agus míchompord. Fiú nuair a bhíodh sé an-tinn ní bhíodh sé sásta géilleadh don ghalar. Bhí sé dílis dá chreideamh, dá thír agus dá theanga, de réir mar a thuig sé iad. Tá dóchas agam go bhfuil daoine dá leithéid fós ann in Éirinn, agus go mbeidh go deo feasta.

MÁIRE GEOGHEGAN-QUINN

Iarpholaiteoir de chuid Fhianna Fáil. An chéad aire rialtais mná in Éirinn ó aimsir na Cuntaoise Markiewicz. Chaith sí sealanna i Roinn na Gaeltachta, sa Roinn Turasóireachta agus sa Roinn Dlí agus Cirt i measc ranna eile. Ach ar éirigh sí as an bpolaitíocht náisiúnta, chaith sí sealanna mar ionadaí na hÉireann ar chúirt iniúchóirí na hEorpa agus mar Choimisinéir Eorpach Taighde agus Nuálaíochta.

FEAR MEABHRACH ILDÁNACH

Creidim gurbh é an chéad uair ar chas mé le Nollaig Ó Gadhra ná le linn an fheachtas fhothoghcháin i nGaillimh Thiar i 1975. Bhí seisean ag tacú le Pól Ó Foighil ag an am. Ach ní raibh mórán caidrimh againn lena chéile ag an am sin.

Ar ndóigh, scéal eile ar fad a bhí ann agus mé tofa.

Níor casadh riamh orm duine a choinnigh taisce nuachtán agus cáipéisí mar a choinnigh Nollaig. Ba leor aon chuairt amháin air sa mbaile mar chruthúnas air sin: cruacha alt, cnocáin leabhar, seilpeanna lán le nuachtáin agus irisí – agus níorbh fhoilseacháin Éireannacha iad ar fad ná baol air.

Fad a bhí Fianna Fáil sa bhfreasúra d'fhaighinn clúdach mór donn go seachtainiúil sa mbaile, é ag cur thar maoil le leathanaigh ar a raibh nótaí agus tuairimí Nollaig marcáilte orthu i bpeannaireacht a scríobh an púca (de réir an tseanfhocail). Thagadh sé chun an tí lena thabhairt dom ar an Satharn nuair a bhí a fhios aige go raibh mo chuid oibre sa gclinic dáilcheantair críochnaithe agam.

B'in an chuid scríofa dá chuid comhairle orm.

Thagadh an chomhairle bhéil sa nglaoch gutháin (fada)

gach tráthnóna Domhnaigh. Seisiún ceisteanna agus freagraí a bhí sa ŋglaoch seachtainiúil seo – go minic ba é Nollaig a chuir an cheist agus a sholáthraigh an freagra. Thuig mé go maith an uair sin agus ó shin nach raibh ionamsa ach duine amháin ar liosta polaiteoirí a fuair glaonna uaidh ar an Domhnach.

Nuair a d'fhiosraigh mé leis uair amháin cén fáth gurbh é an Domhnach a rogha – d'fhreagair sé go raibh na táillí teileafóin níos saoire an lá sin. Cheapfainn mar sin féin go raibh an bille teileafóin ag muintir Uí Ghadhra thar a bheith ard.

Le linn mo thréimhse mar aire stáit ar ghnóthaí Eorpacha ba nós leis cuireadh a thabhairt dom theacht chun cainte lena chuid mac léinn sa gColáiste Teicniúil Réigiúnach i nGaillimh (GMIT anois). Bhaininn an-taitneamh as an gcuairt bhliantúil seo agus bhíodh ardchaighdeán ceisteanna ag na mic léinn orm. Ba léir uaireanta gurbh é an léachtóir a réitigh na ceisteanna ab achrannaí agus ba chasta.

Agus mé i m'aire rialtais, chuireadh Nollaig eolas agus comhairle orm – i scríbhinn, ar an bhfón agus ó bhéal – faoi chuile ghné bheo den uile phortfóilió dá raibh agam. Agus mé i m'aire Gaeltachta ní raibh ceist ná ábhar nár shuim leis. Nuair a ceapadh i m'aire cumarsáide mé ní laghdú ach méadú a tháinig ar an rabharta eolais, moltaí agus fainiceachaí freisin a thagadh uaidh. Agus muid ag iarraidh bonneagar reachtúil (agus airgeadais) a leagan síos do bhunú Theilifís na Gaeilge ag an am sin, lean sé air go dícheallach leis an soláthar eolais seo, agus bhí cluas bhreise aige feasta mar gur chinntigh mé go raibh mo chomhairleoir craolacháin Ghaeilge, Pádhraic Ó Ciardha, ar a liosta freisin.

Neartaigh an flosc sin tuilleadh tar éis mo cheaptha mar aire dlí is cirt i 1993: comhairle dom féin, comhairle le seachadadh chuig an Taoiseach (cé gur mhinic é ag glaoch ar Albert Reynolds go pearsanta freisin) agus treoir faoi dhéileáil leis an státseirbhís. Bhí a chroí is a anam i bhfuascailt chóir chothrom a fháil ar ghéarchéim Thuaisceart Éireann. Thuig sé ón tús gur bhraith go leor ar chumas na bpríomhaithe ar an uile thaobh tarraingt le chéile ar bhonn pearsanta. Bhí sé sásta le Dearbhú Shráid Downing, ach mheabhraigh sé go rialta dúinn ar fad nach raibh ann ach tús próisis.

Réitigh muid go maith le chéile ar bhonn pearsanta. Bhí an diaibéiteas ainsealach air, aicíd a bhí ar an aon deartháir a bhí agam féin agus ba mhinic muid ag trácht air sin le chéile. Chuir an diaibéiteas as d'amharc na súl acu freisin agus le himeacht ama cailleadh méarach cos leis freisin agus thráchtadh muid air sin.

Bhíodh sé ag casaoid uaireanta nach raibh líofacht Ghaeilge ag m'fhear céile, John, agus is i mBéarla a labhradh John leis nuair a thagadh Nollaig ar cuairt chugainn. Ach ansin tharla rud a chuir cor sa scéal. Agus é san ospidéal i nGaillimh, chuaigh mé ar cuairt chuige. Agus mé ansin, tháinig a dheartháir ar cuairt chuige freisin agus is i mBéarla a rinne siad a gcomhrá. Léirigh mé m'iontas faoi sin go dtí gur dhúirt an deartháir liom gur sa teanga sin a dhéanadh sé féin agus a dheartháir 'Noel Geary' a gcomhrá i gcónaí. Ba mhinic mé ag spochadh as Nollaig faoin leagan sin dá ainm ar feadh i bhfad ina dhiaidh sin.

Bhuail taom tinnis é ag Oireachtas na Gaeilge bliain amháin i bPort Láirge agus tugadh chun an ospidéil i gCorcaigh é. Chuir a bhean Máirín in iúl dom go raibh sé go dona tinn agus ó tharla go raibh mé sa taobh sin tíre ag toghchánaíocht, chuaigh mé ar cuairt chuige. Agus mé cois na leapan, ba léir nach raibh sé go maith. Cé nár léir dom go raibh sé dom chloisteáil lean mé orm mar ba nós linn – ag cur síos dó ar imeachtaí polaitiúla an lae. Nuair a tháinig am lóin seo isteach le banaltra lena bheathú. Bhí brú ar na banaltraí agus thairg mé a lón a thabhairt do Nollaig agus d'aontaigh sí. Agus mé i mbun an chúraim (agus bhí cuma an amhrais ar Nollaig lena linn, dá laige dá raibh sé) cé a thiocfadh an bealach ach a dhochtúir comhairleach! 'Bhuel, sin feic nach bhfaca mé cheana,' a dúirt sé. 'Aire Dlí is Cirt na tíre ag beathú m'othair.' Mhínigh mé gur dlúthchara liom é Nollaig cé gur dóigh nach leis an bpáirtí céanna a thacaigh muid.

Nuair a thagadh sé go Baile Átha Cliath ar ghnó éigin, ba ghnách leis sin a chur in iúl dom roimh ré agus thairgeadh mé é a bhailiú ó Stáisiún Heuston, ach ba mhinic a chuireadh sé in iúl dom nár ghá sin mar go raibh an Taoiseach ag seoladh gluaisteáin lena bhailiú agus a thabhairt abhaile chuige féin, áit a mbeadh an dinnéar réidh dóibh ag Kathleen Reynolds.

Is i Stáit Aontaithe Mheiriceá a bhí mé nuair a tháinig scéala a bháis agus seo linn láithreach ar eitilt go Baile Átha Cliath agus siar go Gaillimh le freastal ar a aifreann sochraide. Ar bhealach éigin ba chuí gur lá trombháistí a bhí ann agus d'fhágamar slán aige mar ba mhaith leis – le neart paidreacha, scéalta agus gáire i láthair slua mór gaolta, comharsain, cairde, céilí comhraic, craoltóirí, iriseoirí, státseirbhísí agus polaiteoirí. Ba dheas go raibh Albert Reynolds in ann a bheith ann, rud a shásódh Nollaig, tá mé cinnte.

Is doiligh achoimre a dhéanamh ar phearsa chomh mór agus chomh hilchineálach le Nollaig: fear meabhrach, ildánach, fial, géarchúiseach ab ea é. Bhí an tírghrá go smior ann agus an Ghaeilge go smúsach. Cé go bhféadfadh sé a bheith cantalach, ní raibh aon mhailís ina chroí mar gur theastaigh uaidh i gcónaí go ndéanfaí an rud ceart.

Bhí an t-ádh orainne a raibh aithne againn air, Gael dílis a rinne a dhícheall leas a mhuintire a chur chun cinn i gcónaí – agus ar éirigh leis níos minice ná go leor eile.

Cathal Goan

Iar-Phríomh-Stiúrthóir ar RTÉ agus Iar-Cheannasaí Clár Gaeilge san eagraíocht. Léiritheoir raidió agus teilifíse ar feadh blianta fada le RTÉ. An chéad Cheannasaí ar TnaG / TG4. Béal Feirsteach.

FEAR ANN FÉIN

Más buan mo chuimhne is i Lárionad Raidió RTÉ i nDomhnach Broc, Baile Átha Cliath, a casadh Nollaig Ó Gadhra dom den chéad uair i bhfíorthús na n-ochtóidí den chéad seo caite. Sílim gurbh é Proinsias Ó Conluain a chuir in aithne dá chéile muid agus go raibh Nollaig ar a dhícheall ag iarraidh a fháil amach cér díobh mé, cén scolaíocht a bhí faighte agam, cén áit ar fhoghlaim mé a raibh de Ghaeilge agam. Samhlaím tréith sin na fiosrachta le Nollaig i dtólamh agus ar dhóigh éigin gur mhínigh na freagraí ar cheisteanna dá sort dó gach a raibh de thábhacht i dtaobh an duine a bhí faoi scrúdú aige. Ábhar iontais dom, tá cuimhne agam fosta ar an méid daoine i mBéal Feirste a raibh aithne aige orthu idir oideachasóirí agus pholaiteoirí de dhath áirithe. In imeacht na mblianta a lean níl ann ach gur threisigh mo thuairim gur fear an-fhiosrach agus an-eolach go deo a bhí ann. Agus tú i mbun dian-díospóireachta leis faoi ábhar éigin reatha a bhí ag déanamh tinnis dó, *away* leis ar seachrán – shílfeá – agus é ag tarraingt scéal eile ar fad chuige féin. Ach níos minicí ná a mhalairt bhí ceann scríbe ag an seachrán. Bhí gabháil éigin ag an chamchosán a threoraigh an argóint i dtreo an phointe a bhí á áiteamh aige. Agus, chomh fada agus a bhain sé liomsa de, níor chaill sé an diongbháilteacht sin riamh i mbun argóna.

Glinnchuimhne eile a fhanann liom, an t-agallamh a chuir Breandán Ó hEithir air mar chuid den tsraith raidió *An Ghaeltacht Inniu* a bhí idir lámha againn sa bhliain 1987. Istigh ina sheomra leapa sa bhaile sna Forbacha a bhí muid idir na seilfeanna chomh hard leis an tsíleáil de sheanchóipeanna den *Irish Press*. An rud is mó a a chuaigh i gcion orm an lá sin, measaim, go raibh idir fhuarchúis agus phaisean san anailís s'aige ar chás na Gaeltachta; go raibh idéalachas mar aon le heolaíocht sa tuiscint a léirigh sé ar mheath úsáid na Gaeilge sa Ghaeltacht céim ar chéim le fás na Gaelscolaíochta sa chuid eile den tír.

Sna blianta ina dhiaidh sin agus mé aistrithe isteach i ngnó na teilifíse, mhéadaigh ar na teagmhálacha. Ba mhinic ina thráchtaire againn é ar an chlár *Cúrsaí* – bíodh sé sa stiúideo i mBaile Átha Cliath nó níos minicí arís ag caint linn ó stiúideo na Gaillimhe. Ní gan stró a bhí sé bealach isteach a fháil chun an stiúideo chéanna ó am go chéile agus tá cuimhne agam go nglaodh sé orm mífhoighdeach go leor agus údar dlisteanach gearáin aige faoi mhí-éifeacht s'againn nó gur fágadh ag fanacht é taobh amuigh d'fhoirgneamh Hynes ar Shráid Aibhistín. Ach ina dhiaidh sin is uile d'fhan sé dílis agus níor dhiúltaigh sé dúinn teacht isteach chun labhairt ar réimse leathan téamaí idir chúrsaí Eorpacha, corraíl pholaitiúil éigin sa bhaile, comhdhéanamh an chéad rialtais eile, forbairt réigiúnda agus ábhair go leor eile. Le linn an ama sin chomh maith rinne Michael Davitt clár doiciméide an-bhreá faoi Nollaig ina raibh faill ag an lucht féachana aithne níos pearsanta a chur ar an fhear seo: an feachtasóir; an léachtaí coláiste; an scríbhneoir; an staraí; an craoltóir agus tírghráthóir, an fear céile agus an t-athair clainne. Tuigeadh dúinn – den chéad uair, b'fhéidir – gur fear é a d'fhulaing níos mó ná a chion féin de bharr breoiteachta, agus léiríodh dúinn an dóigh chalma a ndeachaigh sé i ngleic leis an ghalar diaibéiteas.

Mar bhall de chomhairle bhunaidh Theilifís na Gaeilge a chuir mé aithne eile ar Nollaig ina dhiaidh sin ón bhliain 1994 amach, tráth a mbíodh orm féin agus ar chomh-ghleacaithe liom a theacht i láthair a gcuid cruinnithe chun tuairisc a thabhairt faoin dul chun cinn nó a mhalairt a bhí déanta sa réiteach don tseirbhís úr. B'iomaí sin díospóireacht thréan a bhí ann faoi chineál agus nádúr na seirbhíse. Ní cuimhneach liom cruinniú ar bith a raibh gach duine ar an aon tuairim amháin linn faoin chur chuige a bhí á mholadh agam féin agus ag mo chomhghleacaithe agus níor thaise do Nollaig é sin. Ach sílim gur thuigeamar a dhearcadh agus a sheasamh agus bhí meas againn ar na tuairimí láidre a nocht sé dá réir.

Ar fhilleadh dom go Baile Átha Cliath níor tháinig laghdú ar bith ar na litreacha móra toirtiúla uaidh faoi scéalta náisiúnta a rabhthas ag déanamh faillí ina leith dar leis. Mar an gcéanna leis na glaochanna tráthrialta gutháin faoi ghné éigean den chraoltóireacht náisiúnta a bhí ciotach, sleamchúiseach nó, níos measa, claonta dar leis. Foghraíocht Ghaeilge ar bheola Bhéarlóirí RTÉ ba mhó agus ba leanúnaí a chuireadh tús leis na glaochanna sin. Ba mhinic muid ag easaontú agus ní gach oíche a tháinig deireadh sibhialta leis an chomhrá ach ba mhinicí ná a mhalairt a thuig mé bonn maith láidir a bheith faoi chuid dá raibh á rá chomh paiteanta sin aige liom. Oícheanta Domhnaigh i dtráth a leath i ndiaidh a naoi agus deireadh ag teacht le príomhfheasachán nuacht teilifíse na hoíche a bhuaileadh an fón póca. 'Cathal?' an bheannacht lom cheistiúil a chluininn, agus ar a dheimhniú sin a bheith faighte aige, thagadh sruth tuairimí gan stad uaidh faoi na scéalta nuachta féin, faoi chaighdeán na hiriseoireachta a bhain lena gcur le chéile, faoi na luachanna nuachta a bhain leis an ord tosaíochta a tugadh do na scéalta céanna agus go leor leor eile.

Má bhí sé géar le mo leithéidse, ba mhar a chéile é le polaiteoirí idir bheag agus mhór, agus bhí meas agus urraim tuillte aige de bharr tréine a chuid tuairimí agus doimhneacht a thuisceana ar cheisteanna ár linne. Ba rí-chuma leis má bhí cáil an chancaráin air i mbólaí áirithe; níorbh fhiú tráithnín leis a bheith measúil sna 'coins' chéanna.

An glaoch deireanach a fuair mé, maidin Domhnaigh a bhí ann ag deireadh mhí Iúil 2008. Bhí mé amuigh ar bord báid i lár Loch Rí nuair a bhuail an fón agus bhí mo sháith iontais orm gur Nollaig a bhí ann an t-am sin den lá. Bhí a fhios agam nach raibh sé i ndiaidh a bheith ar fónamh agus caithfidh sé go raibh tamall ann ó bhí mé ag caint leis. Ag iarraidh clár a thréaslú liom a bhí sé óir bhí aifreann i ndiaidh a chraolta beo an mhaidin sin ó bharr na Cruaiche i Maigh Eo. Bhí sé fial flaithiúil lena mholadh ar an chlár agus lucht a dhéanta agus d'ardaigh sé mo chroí. Cúpla seachtain ina dhiaidh sin a chuala mé go raibh sé i ndiaidh bás a fháil. Fear ann féin a bhí ann agus ba mhór liom a thuairim idir mholtach agus cháinteach go dtí an deireadh.

SÉAMUS MAC SEÁIN

Lena chlann, bhí Séamus ar dhuine de bhunaitheoirí Ghaeltacht Bhóthar Seoighe in iarthar Bhéal Feirste leathchéad bliain ó shin. Lean bunú scoileanna lán-Ghaeilge agus ceathrú Ghaeltachta an beart áirithe sin. Tá sé ag treabhadh an ghoirt ó shin mar thráchtaire agus mar iriseoir i measc phobal náisiúnach iarthar Bhéal Feirste.

RIACHTANAS SPIORADÁLTA
NA SAOIRSE

'Más cóir dóchas a bheith againn go mbeidh Éire saor, ní lúide is cóir dúinn a bheith ag dúil go mbeidh sí Gaelach. Is beag is fiú an chraobh gan an bláth. Níl inti ach brosna, agus is dual di a bheith ina cual connaidh a dhófar agus a imeos ina toit agus ina luaith. Nuair a thig an bláth tig an toradh. Mura mian linn dhul sa teine mar sin bíodh uchtach againn go n-aibeoidh ár dteanga agus ár litríocht.'

B'in é an sainmhíniú a bhí ag an scríbhneoir Conallach Seosamh Mac Grianna ar cad is saoirse na hÉireann ann. Is dóigh liom go bhfuil fealsúnacht saoil Nollaig Uí Ghadhra le fáil sa phíosa sin ó Mhac Grianna agus lean sé de go dílis ar feadh a shaoil. Mar staraí, mar intleachtóir agus mar Ghael thuig sé an streachailt a rinne muintir na tíre seo le cuibhreacha an choilíneachais a chaitheamh díobh agus greim docht a bhreith ar a saoirse.

Tá go leor daoine a rugadh agus a tógadh i Sé Chontae Éireann a thuigeann chomh teoranta agus atá an tsaoirse acu ó thaobh a bhféiniúlachta féin de agus creideann go leor acu gur ceannaíodh saoirse mhuintir na na Sé Chontae Fichead le daoirse an phobail náisiúnaí ó thuaidh agus go mba sin thar aon ní eile ba chiontsiocair leis an chogadh gránna fuilteach a mhair ar feadh tríocha bliain agus nach bhfuil deireadh leis go hiomlán go fóill.

Sinne a mhair tríd an marú agus sléacht le deich mbliana agus fiche ó thuaidh, thuig muid go luath cérbh iad na daoine sa taobh ó dheas den tír a thuig ár gcás, agus bhí Nollaig Ó Gadhra ar dhuine acu sin. Thaistil sé go minic chuig na Sé Chontae ag cur tuairisc na cosmhuintire agus ag léiriú a bhá leis na daoine a bhí faoi ghéarleanúint ag an Stát agus faoi sceoin ag an fhoréigean a bhí ag dul ar aghaidh thart orthu. Bhí Nollaig Ó Gadhra, Pádraig Ó Snodaigh, Deasún Fennell, Gearóid Ó Tuathaigh, Colm Ó Torna agus Deasún Breatnach ar na Gaeil ab aitheanta a tháinig ar cuairt chugainn sna 1970idí agus sna 1980idí nuair a bhíodh sé contúirteach go leor a leithéid a dhéanamh, agus féadaim a rá go raibh daoine buíoch díobh dá bharr. Is in am an ghátair a thuigeann tú fíorchairdeas.

Sílim gur thuig Nollaig agus na daoine eile atá luaite agam gur trí theagmháil agus trí chaidreamh rialta leis an phobal ó thuaidh a dtiocfadh a theacht ar réiteach ar na fadhbanna a d'fhág an stair le huacht againn, agus sílim go raibh an ceart aige agus gur tríd an teagmháil agus tríd an chaidreamh sin sa deireadh a cuireadh maolú ar an chuid is measa den fhoréigean, bíodh is go bhfuil sé leochaileach go leor scaití. Ní miste a mheabhrú go raibh cuid de bhunaíocht na meán cumarsáide ó dheas go dubh i gcoinne dream ar bith teagmháil a bheith acu le haon dream a raibh boladh an náisiúnachais nó an phoblachtánais orthu. Dearfainn féin gur *persona non grata* a bhí i Nollaig féin go minic de bharr nach raibh sé sásta géilleadh do 'ghrúpa smaoinimh cinsirí' na meán Béarla ó dheas a d'fhág nár iarradh a dhearcadh ar chúrsaí an Tuaiscirt go minic, ainneoin go raibh sé ar an duine ab eolaí agus ba ghéarchúisí ar pholaitíocht phoblachtánach na tíre seo lena linn féin. Bhí dearcadh diúltach dainséarach na cinsireachta iontach tréan taobh istigh de RTÉ ag an am a chuaigh níos faide ná ba ghá leis an dlí a shásamh fiú amháin. Sílim féin gur chuir an chinsireacht a bhí ar bun ag rialtas na Sé Chontae Fichead, idir Fhine Gael agus Fhianna Fáil, le cuidiú ó na mórmheáin chumarsáide fad deich mbliana ar a laghad leis an dortadh fola ó thuaidh de bharr an pholasaí dhian a bhí i bhfeidhm le halt 31 den acht craolacháin. Rinne Nollaig Ó Gadhra a sheacht ndícheall gan géilleadh don chinsireacht sin agus bhí a chuairteanna rialta ó thuaidh ina chúiteamh ar a shon sin, tá mé ag déanamh.

B'eisceacht é Raidió na Gaeltachta a thug iarraidh i gcónaí a bheith chomh cothrom agus a thiocfadh leo taobh istigh de laincisí an dlí a bhí orthu. Bhí Seosamh Ó Cuaig de chuid an stáisiúin cróga go leor le cás a thógáil ag cúirt na hEorpa mar gheall ar an chinsireacht cé gur beag a bhí aige ar a shon. Bhí cuid againn féin nár mhiste linn dúshlán na cinsireachta a thabhairt nuair a bhí faill againn féin ó thuaidh. Is cuimhin liom uair amháin nuair a hiarradh orm ceann de cheachtanna an aifrinn Ghaeilge a léamh Domhnach amháin a bhí le craoladh beo ar Raidió na Gaeltachta, agus in áit mé féin an rud a léamh mar a iarradh orm lig mé do Mháirtín Ó Muilleoir é a léamh i m'áit. Bhí mé ag obair in éineacht le Máirtín agus bhí sé ina chomhairleoir de chuid Shinn Féin ag an am céanna agus, dar ndóigh, bhí cosc ar aon ionadaí de chuid an pháirtí sin a bheith ar an aer ag RTÉ, nó ar an BBC ach oiread, fiú le linn aifrinn. Nuair a tháinig mo sheal leis an cheacht a léamh sheas mé ar leataobh agus lig do Mháirtín é a léamh agus craoladh a ghuth beo ar an raidió, ach bhí rialacha na cinsireachta chomh docht agus chomh dian sin ag an am gur cuireadh ceist fá dtaobh den eachtra sa Dáil agus cáineadh Raidió na Gaeltachta go géar mar gheall air – mo leithscéal má fágadh duine ar bith san fhaopach mar gheall ar an eachtra ach, dar liom ag an am, go raibh sé tábhachtach cur i gcoinne na cinsireachta gach uair a dtiocfadh linn. Ní i Sé Chontae Éireann amháin a bhí an faisisteachas beo beathach san am sin.

Sna 1980idí agus sna 1990idí bhí mise ag obair ag an *Andersonstown News* i mBéal Feirste agus ba mhinic a sheoladh Nollaig píosaí móra fada chugainn (gan íocaíocht a fháil ná a iarraidh) ar chúrsaí polaitíochta agus ar chúrsaí reatha an ama, ach ar an drochuair ní dheachaigh mórán acu i gcló de bharr easpa spáis i bpáipéar beag áitiúil nach raibh ag teacht amach ach uair in aghaidh na seachtaine. Is trua nach raibh an spás ann fána gcoinne nó bhí siad lán eolais. Tá súil agam go raibh cóipeanna aige féin nó is ábhar spéise a bheadh iontu an lá atá inniu féin ann ar chomh géarchúiseach agus eolach agus a bhí Nollaig dá mbeadh siad ar fáil.

Má bhí a shainmhíniú féin ag Seosamh Mac Grianna ar cad is saoirse na hÉireann ann, mar atá luaite agam thuas, bhí sainmhíniú breise ag an Phiarsach ar an tsaoirse agus bhain sé le hiomlán ceannais a bheith ag náisiún ar a ghnó féin agus a bheith saor ó smacht aon tír eile. Is 'riachtanas spioradálta na saoirse' a thug an Piarsach air sin, agus ag tarraingt ar dheireadh a shaoil bhí sé soiléir ina intinn go mb'ionann sin agus sainmhíniú Tone, Sheáin Mhistéil agus Uí Dhonnabháin Rossa. Sílim go dtig linn a bheith measartha cinnte go raibh Nollaig ag teacht le sainmhíniú an Phiarsaigh ar an ábhar.

Deich mbliana roimh shíniú Chomhaontú Aoine an Chéasta i 1998, scríobh Nollaig *Margáil na Saoirse*, leabhar a bhí dírithe ar ar na teagmhálacha agus ar na comhráití a bhí idir poblachtánaigh agus na Sasanaigh ag dul siar go dtí bunú an dá stát in Éirinn sna 1920idí. Tá sé dochreidte an stáidéar a rinne sé don leabhar sin agus an t-eolas atá ann ar ábhar a bhí ag dul a bheith iontach tábhachtach faoi cheann deich mbliana ó uair a scríofa agus Éireannaigh ag dul i mbun idirbheartaíochta uair amháin eile faoi fhadhb Shasana a bheith fós i seilbh cuid d'Éirinn. Níl a fhios agam ar scríobhadh a mhacasamhail de leabhar i mBéarla fiú amháin, ach dá léifeadh poblachtánaigh an leabhar agus iad ag dul i mbun idirbheartaíochta is féidir nach nglacfadh siad go héasca le socrú a d'fhág an tseancheist faoi cheannas na hÉireann gan a bheith réitithe uair amháin eile. Níl a fhios agam cad é an dearcadh a bheadh ag Nollaig faoi gach ar tharla ó síníodh Comhaontú Aoine an Chéasta ar aghaidh, ach is cinnte go ndéanfadh sé é a mheas i gcomhthéacs na staire agus i gcomhthéacs chomh cóngárach agus a bhí sé do bhunfhealsúnacht an phoblachtánachais agus na saoirse a bhí ag an Phiarsach.

Is cinnte go mbeadh áthas ar Nollaig go dtáinig deireadh leis an fhoréigean a bheag nó a mhór nó b'fhear síochánta é féin ach sílim go mbeadh sé amhrasach faoi chomh réidh agus chomh fonnmhar agus a ghlac poblachtánaigh leis an chríochdheighilt agus iad soiprithe isteach i Stormont. Sílim go mbeadh brón air go bhfuil bunús chosmhuintir náisiúnach na Sé Chontae go fóill go mór faoi mhíbhuntáiste ó thaobh fostaíochta de, nó go bhfuil ráta i bhfad níos mó de dhrochshláinte ina measc, agus go bhfuil easpa tithe agus ráta ard féinbháis ina measc, agus bás leanaí i ndiaidh a mbreithe ard go maith. Sílim go mbeadh sé buartha nár comhlíonadh na gealltanais a tugadh faoi na hinstitiúidí trasteorann fiú amháin agus go bhfuil siad a bheag nó a mhór dearmadta anois agus go mbeadh brón air poblachtánaigh a bheith ag baint úsáide as *Royal Perogative* le dlíthe a bhrú fríd an Stormont athbhunaithe. Mar dhuine a raibh dianstáidéar déanta aige ar stair na hÉireann is dócha go dtuigfeadh sé gur beag an difear atá idir cad a bhí ar fáil nuair a bunaíodh an Tionól Comhroinnte ó thuaidh idir Brian Faulkner agus Gerry Fitt agus an rud atá anois ann, agus nach bhfuil de dhifear ann dáiríre ach go bhfuil dream amháin Caitliceach i gcumhacht leis na hAontachtaithe seachas dream eile agus go bhfuil 'riachtanas spioradálta na saoirse' an Phiarsaigh le fíorú go fóill.

JOHN MCDONAGH

Tiománaí tacsaí i Nua-Eabhrac é a chuireann clár raidió i láthair ar an stáisiún WBAI le os cionn deich mbliana fichead. Radio Free Éireann *is teideal don chlár. Bhí Nollaig ina thuairisceoir ar an gclár ar feadh cuid mhaith de na blianta sin.*

GLÓR AS MEIRICEÁ

Is clár seachtainiúil raidió é *Radio Free Éireann* a chraoltar ar stáisiún Pacifica WBAI 99.5 FM le os cionn tríocha cúig bliain anuas. Is mise an léiritheoir feidhmeannach agus an láithreoir agus díríonn an clár ar pholaitíocht agus cultúr na hÉireann agus na nGael-Mheiriceánach. Craoltar *Radio Free Éireann* ó fhoirgneamh an Empire State i Nua-Eabhrac agus tá fiche milliún duine in ann éisteacht leis.

San am a caitheadh bhí ról lárnach ag WBAI in eagrú agóidí in aghaidh Chogadh Vítneam, agus is ar WBAI a chualathas Bob Dylan ag craoladh den chéad uair. Le linn na 1990idí, de réir mar a bhí próiseas síochána na hÉireann ag bailiú nirt, theastaigh uainn glór as Éirinn a chur ar an aer a chuirfeadh an rud ar fad i gcomhthéacs na staire dúinn. Mhol cara liom as Dún na nGall dom teagmháil a dhéanamh le Nollaig Ó Gadhra. Labhair muid leis agus d'aontaigh sé láithreach cuidiú linn.

Níl aon amhras ach gurbh é Nollaig an acmhainn ba mhó a bhí ag an gclár le linn na mblianta ar fad. Thug a shaineolas ar stair na hÉireann agus a chumas é a chur i gcion i dtéarmaí pholaitíocht an lae inniu, léargas d'éisteoirí na Stát Aontaithe nach raibh le fáil acu in aon áit eile. Mura mbeadh Nollaig ar fáil dúinn, ar chúis amháin nó cúis eile aon tseachtain, is gearr go mbeadh clamhsáin ag teacht ó éisteoirí chugam féin agus mo chomhghleacaithe.

Léirigh Nollaig féin dílseacht thar na bearta don chlár. Sna laethanta sula raibh gutháin shoghluaiste chomh fairsing nó teacht ar an idirlíon chuile áit, chinntigh Nollaig go mbeadh uimhir ghutháin againn ag a bhféadfaí teagmháil a dhéanamh leis – chuir na deacrachtaí leis an difríocht ama idir an dá thaobh den Atlantach tuilleadh fós leis na deacrachtaí. Uaireanta ba í uimhir ghutháin a thí sa mbaile a bhíodh ann, ach go minic bhíodh sé i dteach duine éigin eile, nó uimhir ó óstán agus é ag freastal ar bhainis, both teileafóin uaireanta eile, nó barda ospidéil.

Thugadh Nollaig cuairt ar na Stáit Aontaithe go rialta. An chéad uair ar bhailigh mé é ag Aerfort JFK i Nua-Eabhrac thosaigh sé ag gearán láithreach faoina laghad Gaeilge agus a labhair an t-aeróstach ar an eitleán – ní raibh aon amhras orm gur chuir sé a chuid tuairimí in iúl dóibh. Nuair a bhíodh Nollaig ag taisteal bhíodh clása mór ar iompar aige a bhíodh lán go béal le leabhra faoin nGaeilge agus fíorbheagán eadaí. An stair agus an teanga – b'in iad na nithe ba thábhachtaí – ní raibh in aon ní eile ach scéalta thairis. Tharraing duine de chomhláithreoirí an chláir – an t-ealaíontóir clúiteach Gael-Mheiriceánach Brian Mór Ó Baoighill – líníocht inar léiríodh Nollaig mar Willie Loman na hÉireann – díoltóir taistil na Gaeilge lena chása lán de leabhra agus nuachtáin lena ais. Le linn a chuid cuairteanna ar Nua-Eabhrac d'fhanadh Nollaig liomsa in árasán atá cúig urlár ón talamh sa mBronx agus ar gá siúl chomh fada leis. Ainneoin a chuid deacrachtaí sláinte ní dhearna sé aon chlamhsán riamh faoi thuirse ná na coinníollacha taistil nach mbíodh thar mholadh beirte go minic. Ní raibh suim aige ach a bheith ag caint faoi chomh riachtanach agus a bhí caomhnú agus athbheochan na Gaeilge ar fud na hÉireann. Bhíodh cruinnithe faoin nGaeilge dá reáchtáil aige ar fud cheantar Nua-Eabhrac agus thaisteal sé cósta thoir na Stát Aontaithe ar fad. Ba bhreá leis cuairteanna a thabhairt ar Bhoston, más le píosa cainte a dhéanamh i Harvard é nó cruinniú a bheith aige lena chara John Kenneth Galbraith.

Bhí an-ómós ag Galbraith, seanfhondúir de chuid na foirne i Harvard agus fear ar bronnradh an Medal of Freedom agus an Presidential Medal of Freedom air, do Nollaig agus bhíodh na sluaite i láthair ag aon léacht a thugaidís i dteannta a chéile.

Ba léir dom agus mé ag taisteal le Nollaig ar a chuid turas léachtóireachta nár ghlac gach duine le léamh Nollaig ar stair na hÉireann. Tá daoine goilliúnach go fóill faoi pholaitíocht an Chogaidh Chathartha tar éis na mblianta, agus is cuimhin liom go soiléir bheith ag cruinniú i Times Square ag breathnú ar an bpoblachtánach Séamus Ó Dubhda as Ciarraí, a bhí gníomhach ar feadh i bhfad, ag siúl amach ón gcruinniú.

Níor sheachain Nollaig díospóireacht riamh agus ní bhíodh leisce ar bith air botúin sa nGaeilge labhartha a cheartú. Chomh maith le *Radio Free Éireann* tá roinnt cláracha eile a chraoltar i gceantar Nua-Eabhrac faoi chúrsaí na hÉireann. Bhaineadh Nollaig sult ar leith as bheith ag éisteacht leis an Dr Seamus Blake ar WFUV, raidió Ollscoil Fordham. Ach an oiread le Nollaig, chreid an Dr Blake go bhfuil dúchais an chultúir Éireannaigh bunaithe sa stair fhada agus an chos ar bholg mí-ámharach a rinneadh ar an teanga Ghaeilge. Cuireadh tús le clár an Dr Blake, *Míle Fáilte*, i

1978, clár uair an chloig faoi Ghaeilge na linne seo. Glacadh leis gurbh é an Dr Blake an saineolaí ar an teanga i gcathair Nua-Eabhrac. Ba mhinic le Nollaig a bheith ina aoi ar an gclár agus, cé go dtaitníodh sé leis Nollaig a bheith ar an gclár aige, bhí an ghráin ag an Dr Blake air nuair a cheartaíodh Nollaig chaon dara abairt dá chuid Gaeilge. Dar le Nollaig, má bhí tú len í a labhairt, ba cheart a bheith cruinn.

Mar chuid de thuairisciú Nollaig as Éirinn dhéanadh sé cur síos ar na scéalta nuachta is déanaí as an tír agus pé scéal a bheadh scríofa aige féin do na nuachtáin áitiúla i nGaillimh an tseachtain sin. Thugadh sé tuairisc faoi na scéalta spóirt ba dhéanaí – ach ní bhíodh le fáil uait riamh ach torthaí Chumann Lúthchleas Gael mar go mba cluichí iasachta an sacar i Sasana agus an rugbaí, dar leis. Is cuimhin liom glaoch air tráth agus mé ag taisteal tré Éirinn le mo mhuintir: bhí mé ag clamhsán faoin deacracht a bhí againn ár mbealach a dhéanamh go Gleann Cholm Cille i dTír Chonaill mar gur i nGaeilge a bhí na comharthaí bóthair ar fad. Tháinig an freagra tobann, 'An mbeadh tú chomh tríne chéile céanna dá mbeifeá ag tiomáint tríd an bhFrainc agus gur i bhFraincis a bheadh na comharthaí bóthair? Cinnte, is i nGaeilge atá siad!' Agus mar ba ghnáth, bhí an ceart aige.

Ba chailliúint mhór dúinne i *Radio Free Éireann* é Nollaig nuair a bhásaigh sé agus, mar a deir an seanfhocal, ní bheidh a leithéid arís ann. Níl aon duine curtha ina áit ar an seó mar nach bhféadfadh aon duine a bhróga a líonadh ná an bhearna atá fágtha ag a ghlór a líonadh, gan trácht ar shaibhreas an eolais agus a dhiongbháilteacht i leith chaomhnú agus athbheochan na Gaeilge.

SEÁN DUIGNAN

*Thosaigh Seán, arb as cathair na Gaillimhe ó dhúchas é, a shaol mar iriseoir leis an g*Curadh Connachtach. *Chaith sé beagnach dhá scór bliain mar léitheoir nuachta, tuairisceoir agus tráchtaire polaitiúil le RTÉ. Idir 1992 agus 1995 bhí sé mar phreasoifigeach rialtais ag Fianna Fáil le linn do Albert Reynolds a bheith mar thaoiseach.*

Mo Ghille Mear

1993 – bliain chruógach, mé faoi bhrú i gcónaí agus ag tógáil glaochanna teileafóin ar bhonn rialta ó bheirt fhear nach bhféadfainn neamhaird a dhéanamh díobh.

Ba é an Taoiseach Albert Reynolds duine acu, fear a bhíodh ag iarraidh a bheith de shíor i dteagmháil le rúnaí preasa mí-ámharach. Ba é Nollaig Ó Gadhra an fear eile. Ghlaodh sé orm go síoraí, ar bhonn laethúil, beagnach.

Mar a deireadh mo bhean Marie leis go rialta, *'Nollaig, I'd hate to be paying your phone bills!'*

Bhí Reynolds agus Príomhaire na Breataine, John Major, sáite i gcainteanna – achrannacha ar uairibh – faoi Thuaisceart Éireann. Bhí Major diongbháilte go gcaithfí Altanna 2 agus 3 de Bhunreacht na hÉireann a leasú mar chuid d'aon chomhaontú. An argóint a bhí ag Reynolds nach mbeadh aon ghéilleadh dá leithéid indéanta ach amháin i gcomhthéacs *quid pro quo* suntasach ar thaobh na Breataine.

Chuir Nollaig cóip dá leabhar *Guth an Phobail* sa phost chugam láithreach. Anailís údarásach ar an gcaidreamh callóideach Angla-Éireannach ó ré an rialtais dúchais go dtí na Trioblóidí i ndeireadh an fichiú haois. Bhí línte dorcha curtha aige faoi theideal caibidil amháin 'An Government of

Ireland Act 1920 agus ar lean as'. Bhí sé den tuairim gur dhaingnigh deachtráiteas na Breataine coincheap na críochdheighilte agus go raibh malairt reachtaíochta lárnach in aimsiú réitigh ar fhadhb na hÉireann.

'I believe he is right,' arsa Reynolds. *'It is the root of our current problem.'* Sé mhí ina dhiaidh sin, ar an 15 Nollaig, mar chuid den chomhghéilleadh dúradh i bhForógra Shráid Downing go mba le pobal na hÉireann sa dá chuid den oileán a gceart féinrialaithe a dhearbhú agus Éire aontaithe a bhaint amach bunaithe ar phrionsabal na toile 'más áil leo é' agus go mbeadh féinriail coinníollacha ar thoil an mhóraimh i dTuaisceart Éireann.

'Sin é é,' a thuar Nollaig. Thug Reynolds treoir dom fanacht i dteagmháil leis agus é dá mhaíomh go mba fíorphoblachtánach é Nollaig, chomh maith leis an bpríomh-chomhairleoir a bhí aige ar chúrsaí Thuaisceart Éireann, Martin Mansergh, agus Seán Ó hUiginn ón Roinn Gnóthaí Eachtracha.

Cá bhfuair Nollaig a chuid fuinnimh? Bhí sé tinn le blianta agus a shláinte ag dul chun donachta i gcónaí ach shílfeá nárbh fhéidir é a chloí. Cá bhfuair an buachaill a tháinig as Fíonach, Contae Luimnigh an teacht aniar, fócas agus an diongbháilteacht ar feadh an ama le bheith ina uachtarán ar Chonradh na Gaeilge; ina bhall de chomhairle bunaithe Theilifís na Gaeilge; ina údar ar bheathaisnéisí Gandhi, Éamann Iognáid Rís agus Richard J. Daley, méara Chicago; chomh maith le leabhra faoin gcéad Dáil agus an saothar tábhachtach *Civil War in Connacht*; ina iriseoir; craoltóir; léachtóir; staraí agus tráchtaire polaitíochta?

Ba mhinic liom cuairt a thabhairt ar an ospidéal i nGaillimh agus Baile Átha Cliath agus bhínn ag fonóid faoi go gcaithfeadh go raibh sé ar *speed* nó a mhacasamhail de chógas gríosaithe ach dúirt duine de na haltraí lá, 'Ní theastaíonn *speed* – tá sé ar mire cheana féin.'

Ba é an teileafón – líne talún nó soghluaiste – na huirlisí oibre riachtanacha a bhí aige. Níor nós leis é féin a chur in aithne. *'Now,'* a deireadh an glór so-aitheanta nuair a phiocainn suas an guthán, *'what's Bertie up to? Albert needs to keep an eye on him. Tell him I told you that.'* Uair amháin nuair a d'fhreagair Máirín, a bhean, mo ghlaoch bhí sé le cloisteáil ag caint sa chúlra. 'An bhfuil sé ar an nguthán eile?' ar sa mise. 'Ar an nguthán?' ar sí. 'Nach bhfuil sé greamaithe de!'

Thar aon ní eile, bhí sé polaitiúil. Agus cé go mba poblachtánach 'ceart' é go smior, bhí sé de chumas ann, mar sin féin, breithiúnas fuarchúiseach a thabhairt ar an domhan polaitiúil agus é ag athrú de shíor. Bhí léamh grinn aige, go háirithe ar na seansanna polaitiúla a bheadh ag páirtithe éagsúla agus ar an margáintíocht tar éis olltoghcháin. Thuar sé, beag bean ar thuairimí na coitiantachta i measc tráchtairí polaitíochta, go rachadh Des O'Malley i rialtas lena namhaid Charles Haughey 'in the national interest.'

Ag snámh in aghaidh easa arís mhaígh sé go láidir go gcaithfí an IRA/Sinn Féin, nár theastaigh uaidh éinne drannadh leo, a thabhairt isteach sa bpróiseas polaitiúil. Is beag nár impigh sé ormsa, le linn mo thréimhse mar chomhfhreagraí polaitíochta in RTÉ, dul i mbun feachtais in aghaidh alt 31 den acht craolacháin, a chuir cosc ar bhaill de Shinn Féin dul ar an aer. Nuair a chinn Reynolds, le tacaíocht ón Aire Ealaíon agus Cultúir, Michael D. Higgins, deireadh a chur leis an gcosc craolacháin tar éis dhá bhliain agus fiche, thuar Nollaig go cruinn gur gearr go bhfógródh an IRA sos comhraic iomlán.

Bhí m'athair, Peadar, ina bhall den sean-IRA in oirthear Mhaigh Eo agus le linn na 1990idí chuir mé aithne ar bhuíon seiftiúil daoine as Cill Cheallaigh, in aice le Cnoc Mhuire. Mar thoradh air sin ghlac mé páirt bheag sa tionscnamh pobail le hathchóiriú a dhéanamh ar an mbrat clúiteach i gcuimhne ar Thomás Ághas.

Go gairid tar éis bháis don Ághasach ar stailc ocrais i 1917, bheartaigh pobal Chill Cheallaigh brat cuimhneacháin a shníomh as togha na fíodóireachta agus rogha an tsíoda ina ómós. Le himeacht na mblianta, bhí dochar déanta don bhrat agus i ndeireadh na naochaidí bhailigh pobal Chill Cheallaigh agus an cheantair mháguaird beagnach €15,000 le hathnuachan a dhéanamh air.

Ba mhór an onóir domsa i 2005 an brat a nochtadh san áit a bhfuil sé anois ar taispeáint go slachtmhar i leabharlann Chill Cheallaigh. Ba mhó ná sin an t-ábhar mórtais dom nuair a tháinig Nollaig gan choinne ón ospidéal i nGaillimh le bheith i láthair. Chuir sé clabhsúr leis an ócáid le hóráid lasánta a thug sé 'ar son na cúise'.

Ní raibh sé baileach trí bliana ina dhiaidh sin nuair a bhí mé i measc an tslua i séipéal na bhForbacha, nuair a thug an staraí aitheanta Gearóid Ó Tuathaigh ómós don laoch ar lár. Bhí idir gháire agus chaoineadh ag baint leis an ócáid. Thug eachtra amháin a ndearna Gearóid cur síos air léargas iontach spraíúil ar chuimhní a chairde ar Nollaig. Le linn do Ghearóid cuairt a thabhairt in ospidéal air uair, thóg Nollaig a ghuthán soghluaiste ar iasacht uaidh. Le glaoch ar an ospidéal ina raibh siad a theastaigh an guthán uaidh – ag clabhsán leis na haltraí faoi chóir a bhí iarrtha agus nach raibh faighte!

Ag an deireadh thug an slua agus Cór Chúil Aodha araon

an t-ómós deiridh ab fheiliúnaí don fhear cróga dochloíte a bhí ar lár.

Sé mo laoch mo ghille mear,
Sé mo Shaesar gille mear,
Suan ná séan ní bhfuaireas féin,
Ó chuaigh i gcéin mo ghille mear.

SEÁN Ó CUIRREÁIN

Mar iriseoir le Raidió na Gaeltachta a chaith Seán cuid mhaith dá shaol gairmiúil. Conallach a bhfuil cuid mhór dá shaol caite aige i gConamara. Ceapadh mar Choimisinéir Teanga é i 2004, an chéad choimisinéir in Éirinn. D'éirigh sé as an gcúram mar agóid in aghaidh pholasaí teanga an Stáit i 2013.

NÓG

Ba mhinic Nollaig Ó Gadhra ag troid agus ag argóint liom – agus mise ag troid agus ag argóint ar ais leis. Fós féin, bhímís ag caint le chéile arís go luath agus bhíodh dearmad déanta ar cibé mionaighneas a bhí eadrainn. Bhí aithne agam ar NÓG ó thús na n-ochtóidí – níor thug mise ná mo chomhghleacaithe i Raidió na Gaeltachta a ainm ceart, Nollaig Ó Gadhra, riamh air. Bhain ár gcuid argóna de ghnáth le ceisteanna faoin pholaitíocht, faoi chaighdeán craolta nó faoi chruinneas teanga.

Ní raibh aon fhaitíos ar NÓG a thuairimí a thabhairt má cheap sé go raibh míchruinneas éigin i bhfíricí scéil nó sa mbealach ar cuireadh ábhar i láthair. Bhíodh muidne – glúin níos óige d'iriseoirí ceanndána a mheas nach bhféadfaimis a bheith mícheart riamh – breá sásta dul i mbun díospóireachta leis, ár gcúinne a chosaint agus diúltú d'aon ionsaí ar ár gcumas ná ar ár gcruinneas. Agus bhímis iomlán ceart freisin – in amanna!

Is maith is cuimhin liom beartáin rialta a theacht chugainn sa raidió sa phost ó NÓG – fótachóipeanna d'iliomad leathanach ar bhileoga páipéir de dhathanna éagsúla – gorm, bándearg, buí – agus nótaí breactha ina lámh féin i gciumhais an leathanaigh i bpeannaireacht a bhí chomh doléite sin nach léifeadh an púca féin é. Bhíodh míreanna as nuachtáin ann le tráchtaireacht nó tuairim uaidh féin, bhíodh freagraí ar cheisteanna Dála ann a raibh ábhar scéil iontu, nó litreacha ó dhaoine éagsúla a spreagfadh ábhar agallaimh nó tuairisc.

Ba léir ó na fótachóipeanna sin go raibh cairde i bhfad agus i ngearr ag NÓG agus b'iontach an meascán mór daoine a bhíodh ag scríobh chuige; mura bhfuil dul amú orm, chonaic mé nótaí chuige ón ollamh le heacnamaíocht in Ollscoil Harvard, J. K. Galbraith, a d'oibrigh le ceathrar d'uachtaráin Mheiriceá – Roosevelt, Truman, Kennedy agus Johnston. Bhíodh litreacha chuige freisin ón staraí cáiliúil Meiriceánach J. Bowyer Bell, saineolaí aitheanta idirnáisiúnta ar an IRA, ón teangeolaí Noam Chomsky agus ón Sasanach Reg Hindley, a thuar bás na Gaeilge ina leabhar *The Death of the Irish Language* sa mbliain 1991.

Is cuimhin liom uair amháin i measc na bhfóta-chóipeanna ó NÓG go raibh leathanach ann, freagra ar cheist Dála, ina raibh na figiúirí don tréimhse dhá bhliain roimhe sin de líon na dteaghlach a fuair deontas labhairt na Gaeilge de chuid Roinn na Gaeltachta i ngach contae ina raibh limistéar Gaeltachta. Bhí líon na dteaghlach a bhí ag fáil an deontais ag laghdú agus bhí na figiúirí an-íseal ag an am do chontaetha Phort Láirge, Mhaigh Eo agus na Mí.

Bhí aithne agam ar Dhonncha Ó hÉallaithe a bhí ag obair in Institiúid Teicneolaíochta na Gaillimhe agus Mhaigh Eo agus d'fhiafraigh mé de an ndéanfadh sé scagadh ar na figiúirí dom don raidió. Dúirt sé nach staitisteoir a bhí ann ach gur léachtóir le matamaitic é. Dúirt mé gur dócha gur fearr a thuig sé féin figiúirí ná an chuid eile againn. Agus leis sin, cuireadh tús le tionscal anailíse ar scéim labhairt na Gaeilge a mhair fad agus a mhair an scéim féin. Tugaimis an moladh do NÓG – nó cuirimis an locht air – ach is óna chuid fótachóipeanna ildathacha a d'eascair an cur chuige sin den chéad uair.

Bhí suim ar leith ag NÓG sa pholaitíocht agus bhí tuiscint mhaith aige ar an stair, go speisialta gach ar bhain le gluaiseacht na poblachta – bhí an náisiúnachas agus an poblachtánachas greanta go domhain ina chroí. Mhol ceannaire nuachta a bhí againn sa raidió tráth den saol – Tomás Mac Con Iomaire – dom iarraidh ar NÓG roinnt taighde a dhéanamh d'agallaimh fhada a theastaigh uaidh go ndéanfainn le beirt d'iar-cheann foirne de chuid an IRA, Seán Mac Stíofáin, agus Ruairí Ó Brádaigh, a bhí ina uachtarán ar Shinn Féin Poblachtach ag an am.

Thuig Tomás go raibh bearna i gcartlann na staire sa raidió nuair nach raibh aon agallamh ar taifead le ceannairí ghluaiseacht na poblachta le breis agus scór bliain de bharr go raibh cosc craolta ar a leithéid idir 1971–94 faoi alt 31 den acht craolacháin.

Cinneadh maith a bhí ann na hagallaimh a thaifead: mar a tharla, chaill Seán Mac Stíofáin a chumas cainte de dheasca stróc tamall ina dhiaidh sin ach bhí a ghlór le cloisteáil go soiléir agus é ag cosaint na gcinntí a rinne sé le linn a bhlianta san IRA i gclár a craoladh ar lá a shochraide sa mbliain 2001. Chuir an craoltóir Gormfhlaith Ní Thuairisg agallamh breise ar Ruairí Ó Brádaigh agus craoladh sin agus an taifead a rinne mise mar aon chlár amháin tar éis a bháis i 2013.

Is cuimhin liom go maith NÓG a bheith sa charr liom

ag dul chuig teach Ruairí Uí Bhradaigh i Ros Comáin leis an agallamh a chur ar téip – thug sé léacht dom ar ghluaiseacht na poblachta a bhí ina chúnamh mór dom. Mhínigh sé arís dom faoi fheachtais a troideadh, faoi fhorbairt polasaithe, faoi easaontais agus faoi scoilteanna. Le linn an agallaimh féin, a mhair cuid mhaith d'uair go leith, déarfainn, shuigh NÓG go ciúin i gcathaoir ansin sa seomra suí ag éisteacht go haireach le gach ceist agus freagra, a shúile dúnta aige in amanna agus aoibh bheag gháire air anois agus arís fad is a bhí freagraí áirithe á thabhairt siar sa stair, ar bhóithrín na smaointe.

Ní cuimhin liomsa NÓG a bheith i mbun cheird na hiriseoireachta ar bhonn laethúil; ba mar scríbhneoir, mar thráchtaire agus mar cholúnaí a bhí sé ag feidhmiú nuair a chuir mise aithne air, chomh maith le bheith ina léachtóir in Institiúid Teicneolaíochta na Gaillimhe agus Mhaigh Eo.

Ba mhinic a chuir mé agallamh air – sa choláiste, sa chathair nó sa mbaile. Bhí a sheomra codlata sa mbaile ag feidhmiú mar oifig freisin aige agus bailiúchán ollmhór aige ansin ar thaobh balla iomlán amháin de shean-nuachtáin a bhí coinnithe mar chartlann phearsanta aige. Bhínn ag rá leis go minic gur chontúirt a bhí sa mbailiúchán sin dá dtarlódh tine ach ba léir gur theastaigh uaidh a ghreim a choinneáil ar na páipéir sin, cuid dá dhúil i dtaifead na staire.

Bhí NÓG i measc baill de ghrúpa againn a thug cuairt ar an Rúis – turas a d'eagraigh Pádraig Ó Céidigh a bhainfeadh cáil amach níos deireanaí mar fhiontraí agus mar fhear gnó. Ba le linn don Uachtarán Gorbachev a bheith ag cur chun cinn polasaithe *glasnost* agus *perestroika* a chuaigh muid ann agus is maith a thaitin an chuairt sin ar Mhoscó agus ar Leningrad linn ar fad, NÓG san áireamh.

Blianta ina dhiaidh sin agus mé ag obair mar Choimisinéir Teanga, bheadh déileáil áirithe agam leis ar chúinsí eile ar fad: bhí seisean faoin am sin ina uachtarán ar Chonradh na Gaeilge (2004–2005). Aon uair go mbínn ag caint leis bhíodh scéalta le roinnt aige i gcónaí faoin gcomhcheilg ba dheireanaí sna páirtithe polaitíochta nó i gcúlseomraí na cumhachta i dTeach Laighean. Bhí a chuid foinsí féin aige agus bhíodh fonn i gcónaí air a bheith ar an eolas faoi na beartais agus na cleasa a bhí idir lámha ag lucht rialtais agus freasúra.

Is trua nár mhair sé go bhfeicfeadh sé an comóradh céad bliain ar Éirí Amach na Cásca, ar an gcéad Dáil nó ar bhunú an Stáit; b'ábhair iadsan a bhí an-ghar dá chroí agus bhí na fíricí a bhain leo ar bharr a ghoib aige. Ach ní raibh sin sa chinniúint aige. Seans go bhfuil sé i bhflaitheas éigin anois, agus mar a bhí sé i dteach Ruairí Uí Bhradaigh an lá sin fadó, a shúile leathdhúnta ach é ag éisteacht go grinn agus go haireach leo siúd atá ag pleanáil na n-ócáidí comórtha sin. Bí cinnte go bhfuil fonn air a gcuid míchruinnis faoi fhíricí ar leith a cheartú nó fótachóipeanna ar pháipéir ildathacha a sheoladh chucu mar spreagadh nó mar threoir. Ach mar a deir an seanfhocal: 'Bíonn súil le muir ach ní bhíonn súil le huaigh'. Go ndéana Dia grásta ar na mairbh ar fad.

MAIT Ó BRÁDAIGH

Múinteoir bunscoile, pleanálaí teanga agus oideachasóir. I Ros Comáin
a rugadh agus a tógadh é ach ag cur faoi i nGaillimh le blianta fada.
Gníomhaí teanga agus poblachtánach. Mac le Ruairí Ó Brádaigh (iar-
uachtarán ar Shinn Féin agus Sinn Féin Poblachtach) nach maireann.

LAOCH GAELACH

B hí teach lóistín ar Chnoc na Radharc i nGaillimh ag mo sheanmháthair agus thagadh muid ann as Ros Comáin go han-mhinic go deo. Dá mbíodh mo dheaid Ruairí in éineacht linn, ba chinnte cuairteoir a bheith aige. Dar ndóigh, ní bhíodh tuairim faoin spéir againn faoina mbídis ag caint ach ba léir go raibh cluas Ruairí ag Nollaig Ó Gadhra. Bhí a fhios againn, ach oiread lena chomhrá lena chuid cuairteoirí ar fad, gur bhain sé le cúrsaí náisiúnta mar go raibh m'athair gafa go lánaimseartha le gluaiseacht na poblachta ó 1971 ar aghaidh, ó thóg sé sos ón múinteoireacht agus é ina uachtarán ar Shinn Féin.

Iriseoir go príomha, staraí agus fear scríofa leabhra, idir bheathaisnéisí agus chúrsaí reatha, a bhí in Nollaig ach comhairleoir gníomhach a bhí ann chomh maith ar an gcúis náisiúnta, ar rialtais agus ar cheannairí den uile shaghas, thuaidh agus theas, agus ar ghluaiseacht na Gaeilge, bíodh a chomhairle uathu nó ná bíodh. Daonnúlach den scoth a throid cásanna sheisear Bhirmingham, cheathrar Ghuildford agus eile, nuair ba leasc le duine ar bith eile, nach mór. Dar ndóigh, sula raibh caint ar bith ar phleanáil teanga, bhíodh sé ag plé leis na cúrsaí seo. Anuas air sin bhí an-teagmháil aige le Meiriceá, mar a raibh Gael-Mheiriceánaigh a d'oibrigh ar son na náisiúnaithe abhus, na teanga agus an chultúir dúchasaigh.

Nuair a thosaigh mé féin ar an ollscoil i nGaillimh, is ea a chuir mé féin aithne níos mó air féin, ar Mháirín agus ar an gclann óg a bhí acu sna Forbacha. Caitheadh isteach san uisce domhain polaitiúil muid – mo bhean chéile Máire Ní Bhriain, mo chuid deartháireacha, ár gcairde – sa mhéid is gur bhain na blianta 1980 is 1981 le feachtas na H-Bhlocanna agus na stailceanna ocrais. Muide a bhí ag plé feachtas ar son na bpríosúnach, ní hamháin san ollscoil ach i gcathair na Gaillimhe, leis. Cheistíodh Nollaig go grinn muid agus muid ag lorg comhairle ár leasa ach ba chara sa chúirt é agus sinn buíoch de, go háirithe mar ar fhoghlaim muid faoi chaidreamh poiblí.

Ag an am seo ní raibh carranna againn agus ba mhinic in éineacht leis a théimis thart timpeall na tíre. Turas amháin gur cuimhin liom ná an lá a scaoileadh deirfiúracha Mhic Giolla Easpaig as príosún agus gur fhilleadar ar Éirinn as Sasana. Bhuaileamar leis an scuaine carranna a bhí á dtionlacan ag teorainn Dhún na nGall i mBun Dobhráin agus leanamar iad go Gaoth Dobhair, áit nach raibh mise riamh cheana. I lár na hoíche a shroicheamar na Croisbhealaí agus, níos deireanaí arís, isteach linn chuig teach Mhic Niallais fá choinne lóistín. Ba in éineacht le Nollaig a chuir mise aithne ar chuid mhór d'Éirinn Ghaelach ach mise is mó a bhíodh ag tiomáint níos déanaí, mar a bhí mé, abair, an lá i 1988 go ndeachaigh scata againn chuig sochraid an iarstailceoir ocrais Pat Ward in Ailt an Chorráin, nó lá eile go Corcaigh nuair a bhásaigh Gearóid Mac Cárthaigh.

Is maith a thuigfeadh sé agus an píosa á scríobh agam, láimh le huaigh an Chanónaigh James Goodman, i gcríoch, leath bealaigh idir an Sciobairín agus Dún na Séad, an tábhacht le leithéid Goodman. É féin a d'fhéach chuige go raibh gá le seasamh le comórthaí agus le cuimhneacháin náisiúnta agus áitiúla ar na laochra beaga agus móra seo a bhí ag caomhnú agus ag obair ar son spiorad na teanga agus an chultúir Ghaelaigh ar fud fad na hÉireann. Nach é a bhí ag scríobh faoi John Boyle O'Reilly, Gael-Mheiriceánach Dhroichead Átha, is a leithéid blianta roimh éinne eile. Agus ag roinnt a chuid eolais i mbailte beaga faoi na laochra áitiúla – agus nach aige a bhí an t-eolas!

Nós amháin a bhain leis ab ea ceisteanna crua a chur faoi chuile scéal Gaeilge, fiú faoi na dea-scéalta is faoi na 'déithe beaga'. Mar shampla, maidir le fás na nGaelscoileanna, d'fhiafraíodh sé an amhlaidh a scrios siad an dea-obair a bhí ar siúl le fada an lá i scoileanna na mbailte móra agus faoin tuath nó arbh é go raibh caighdeáin mhúineadh na Gaeilge imithe in olcas chomh dona sin ó 1970 ar aghaidh nach raibh aon dul as ach Gaelscoileanna a bhunú? Agus ansin an mbeidh tionchar ar bith acu ar líon na gcainteoirí laethúla, mar a deir an Straitéis Fiche Bliain (a tharla i ndiaidh a bháis)? Dar ndóigh, bhí sé thar a bheith fiosrach faoi chuile shórt, go háirithe faoin gcaoi ar fhoghlaim duine Gaeilge.

Bhí Nollaig ina bhall de Chonradh na Gaeilge agus an-bhaint aige le Gael-Linn agus bhí an-luí aige leis an Dr Eoin McKiernan i Stáit Aontaithe Mheiriceá agus leis an Irish American Foundation i St. Paul, Minnesota. Mar a léiríonn an leabhar a scríobh iníon le McKiernan, Deirdre, i 2014, duine thar na bearta agus cara an-mhór le hÉirinn Ghaelach a bhí ann. Nollaig, b'fhéidir, is mó a thuig sin ar an taobh seo den Atlantach. Scríobh sé leabhra faoi Richard Daley agus faoi Gandhi le go mbeadh Gaeilge ag plé le cúrsaí an domhain. Níor ghá leagan Béarla a chur ar fáil; má bhí do chuid ráite go maith agus go heisiach i nGaeilge, d'fhoghlaimeodh daoine eile an teanga le go dtuigfí thú. Mar shampla, bhí an-mheas aige ar an staraí Seán Ó Lúing, a scríobh i nGaeilge agus a chuir sárleabhra ar fáil. Ag trácht ar Mheiriceá, smaoiním ní hamháin ar a chairdeas leis an eacnamaí clúiteach John Kenneth Galbraith, a chuaigh i bhfeidhm go mór air, ach ar *Radio Free Éireann* i Nua-Eabhrac a craoladh gach tráthnona Sathairn, agus mórán chuile sheachtain bhí agallamh beo acu le Nollaig. Agus cé a dhearmadfadh go deo na cartúin a tharraing an t-ealaíontóir as Nua-Eabhrac Brian Mór Ó Baoighill de? Féach freisin mar a sheas sé le foilsitheoireacht na leabhar Gaeilge, le *Inniu*, le FNT i gCathair na Mairt agus a chairdeas le Pádraig de Barra, údar agus eagarthóir leabhar.

Crá croí, is dóigh, a bhí ann do chuid mhór de na mór-uaisle a bhain le Teach Laighean. Thriaileadh sé comhairle a chur orthu, tionchar a imirt ar a gcuid polasaithe. Ní raibh sé sách maith, dar leis, nach ndéanfaí comóradh ceart chuile bhliain ar Éirí Amach 1916 agus nach mbeadh a ionad cuí, lárnach agus ceart i saol na tíre ag an nGaeilge. Theastaigh i gcónaí uaidh go gcuirfí alt 31 den acht craolacháin ar ceal, ní hamháin mar nach raibh ach taobh amháin den scéal á insint, ach go raibh seo ag cothú droch-chaighdeáin iriseoireachta i rudaí eile freisin. Fiú, a deireadh sé, nuair a bhí na Trioblóidí dona go leor, bhraith mé uaidh nach raibh seasamh neodrach ann. Bhí duine ar thaobh impireacht na Breataine nó ar thaobh an náisiúin Éireannaigh. Sílim gur thuig sé nach n-aontódh go leor daoine le modhanna trodaíochta agus gur

ghoill siad ar dhaoine, ach go bhféadfaí scríobh chuig
príosúnach, nó cuairt a thabhairt air, ar bhonn daonnachta nó,
mar a rinne sé féin, nuair a bhí éagóir i gceist a sheacht míle
dícheall a dhéanamh chun cásanna sheisear Bhirmingham,
mhuintir Ghuildford agus na Maguires a ardú go leanúnach.
Ba léir do Nollaig, agus don tSiúr Sarah Clarke agus don
Athair Faul, go raibh éagóir uafásach á déanamh agus níor
thacaigh stát na hÉireann ó dheas leo. Feidhmeannaigh na
Roinne Gnóthaí Eachtrannacha, níor sheasadar an fód ach é
a fhágáil agus faoi Nollaig agus cúpla duine eile cosaint sách
aonarach a chur suas ar son na n-íospartach seo. Tá cuid acu
seo fós i mbéal an phobail agus gan freagra sásúil tugtha acu
i dtaobh an chaoi gur fágadh Gerry Conlon agus na daoine
eile i bpríosún chomh fada sin agus fios ón tús go rabhadar
neamhchiontach.

Scríobhadh Nollaig píosaí thar na blianta do Ruairí le cur
ina aithisc ardfheise mar uachtarán ar Shinn Féin agus, ó
1986 ar aghaidh, ar Shinn Féin Poblachtach, ina measc, ailt i
nGaeilge ar chúrsaí na teanga sa bhliain áirithe sin. Tá go leor
acu sin i gcló anois le bliain nó dhó anuas agus rian Nollaig
le feiceáil iontu, go háirithe sna tagairtí don teanga. Tá rudaí
eile ann, a cholún seachtainiúil sa *Galway Advertiser* mar
shampla, ach i ndeireadh báire, domsa, is iad na nithe a
sheasann amach go mór ná a cheannródaíocht agus é ag
scríobh i nGaeilge, ar scríobh agus ar dhúirt sé sa phleanáil
teanga agus a dhílseacht do náisiún na hÉireann i
gcomhthéacs na strachailtí le himpireacht na Sasanach.
Leaba i measc laochra na nGael go raibh ag a anam.

ÉAMON Ó CUÍV

Teachta Dála de chuid Fhianna Fáil i nGaillimh Thiar. Iar-aire rialtais sna Ranna Ealaíon, Oidhreachta, Gaeltachta agus Oileán agus Coimirce Sóisialaí. Garmhac le hÉamon de Valera. Suim ar leith aige i ngnéithe den stair agus den pholaitíocht a chothaigh teagmháil le Nollaig.

Cuimhní Cinn

Beidh cuimhne agam go brách ar Nollaig Ó Gadhra mar phoblachtánach, Gaeilgeoir, léachtóir, iriseoir agus fear clainne.

Ba fear é a chleacht an méid a chreid sé ann agus a sheas go deireadh dá luachanna. Cé go raibh a shláinte ag teip ar feadh i bhfad, níor chuir sé sin stop lena dhíograis ná lena chuid scríbhneoireachta.

Cé gur tógadh i Luimneach é, go ndeachaigh sé chuig an gcoláiste i gCorcaigh agus gur chaith sé tréimhsí i mBaile Átha Cliath agus Boston, is i nGaeltacht Chois Fharraige a chaith sé an tréimhse is faide dhá shaol agus is ann a thóg sé a chlann. Ar ndóigh, bhí sé pósta ar bhean as Cois Fharraige, Máirín Ní Chonghaile, agus ó m'aithne orthu bhí siad ina gcrann taca dá chéile, iad araon dílis do na luachanna céanna.

Cé go raibh eolas agam ar Nollaig le blianta fada, is nuair a chuaigh mé le polaitíocht a chuir mé aithne mhaith air. An t-am sin bhíodh mé ag fáil cuireadh labhairt ag Daonscoil na Mumhan sa Rinn i bPort Láirge agus go hiondúil d'fhanadh mé féin, mo bhean Áine agus ár gclann an tseachtain ar fad ag an Daonscoil. Bhíodh Nollaig ann i gcónaí le cuid dá chlann agus ar an mbealach sin chuir an dá chlann aithne ar a chéile. Bhíodh léachtaí agus díospóireachtaí gach lá agus bhíodh tuairimí láidre le nochtadh ag Nollaig ar na hócáidí seo. Rud a bhí suntasach faoi ná nach dtéadh sé le tuairim an mhóraimh díreach mar go raibh an móramh le tuairim áirithe, ach ina áit sin sheasadh sé go láidir leis na tuairimí a bhí aige féin agus nochtadh sé go láidir iad.

Is cuimhin liom caint amháin a thug mé ag an Daonscoil maidir le cúrsaí an Tuaiscirt agus bhí mé ag iarraidh an pointe a dhéanamh má bhí Éire aontaithe uainn go gcaithfeadh muid sa deisceart a bheith sásta aitheantas a thabhairt don fhéiniúlacht Aontachtach in aon socrú nua uile Éireannach. Le mo phointe a threisiú dúirt mé nach mbeadh fadhb agam dá mbeadh Éire aontaithe neamhspleách mar bhall de Chomhlathas na Breataine. Chonaic Nollaig an deis ar an bpointe, mar iriseoir, poiblíocht a fháil don Daonscoil agus dó féin as an scéal seo agus d'iarr sé orm an bhféadfadh sé an scéal a thabhairt do na meáin. Dúirt mé go bhféadfadh agus, ar ndóigh, tá an scéal sin ceangailte liom go dtí an lá atá inniu ann. Níl amhras ar bith gur tharraing sé conspóid agus gur chuir sé daoine ag caint. Thuig Nollaig go dtarlódh sé sin agus ba sampla iontach é den tuiscint a bhí aige ar cheird na hiriseoireachta. Tá sé spéisiúil ag breathnú siar air smaoineamh nach bhfuil a fhios agam go dtí an lá atá inniu ann céard a cheap sé féin den tuairim.

Nuair a ceapadh mé i m'aire stáit agus i m'aire sinsearach is minic a ghlaodh Nollaig orm ag iarraidh scéalta agus eolais. Níl a fhios agam cé chomh cuiditheach agus a bhí mé leis mar níor nós liom eolas a sceitheadh faoi céard a bhí ag tarlú ag bord an rialtais. Bhí, áfach, comhráití an-spéisiúil againn agus go minic bhíodh mise ag iarraidh an oiread fios a fháil uaidhsean agus a bhí seisean uaimse. Níl aon amhras ach go raibh teagmhálacha iontacha aige i ngach aicme den phobal agus den saol agus go mórmhór ar ardleibhéal taobh istigh de rialtais Fhianna Fáil ar a n-áireoinn daoine ar nós Charlie Haughey, Albert Reynolds, Bertie Ahern agus Brian Cowen.

Bhí teagmhálacha aige freisin i ngluaiseacht na poblachta ag am nach raibh sé sin faiseanta agus thuig sé an meon a bhí dá spreagadh. Caithfidh mé a rá go raibh tionchar mór ag an leabhar a scríobh sé i 1984, *Guth an Phobail*, orm agus freisin bhí sé an-úsáideadh mar leabhar tagartha mar go raibh go leor faisnéise ann.

Is dóigh go raibh go leor tréithe a rinne duine eisceachtúil agus iriseoir eisceachtúil as Nollaig. An chéad rud, bhí foinsí maithe eolais aige a chothaigh sé go cúramach i measc gach aicme agus i measc réimse leathan polaiteoirí. Bhí spéis aige freisin scéalta a scrúdú go mion agus taighde nua a dhéanamh seachas a bheith ag dul le tuairim na coitiantachta nó dul le faisean. Faraor nach bhfuil bhfuil an oiread iriseoirí ann anois atá sásta an buntaighde a dhéanamh agus gan dul leis an scéal a thugtar dóibh. Níl aon amhras ann freisin ach gur chreid sé go pearsanta i bhfís láidir phoblachtach Gaelach, agus ní hamháin gur chreid sé ann ach rinne sé a dhícheall i rith a shaoil na luachanna sin a chur chun tosaigh ina shaol príobháideach agus poiblí.

Airíonn gach duine ar cúis leo na luachanna sin uathu Nollaig. Suaimhneas síoraí dá anam uasal.

PEADAR MAC FHLANNCHADHA

Leas-ard-rúnaí agus bainisteoir abhcóidíochta le Conradh na Gaeilge. Gníomhaí teanga ina cheantar dúchais, Maigh Cuilinn. Dlúthbhaint aige le himeachtaí an Chonartha, Club-Árus na nGael agus coiste dúiche na Gaillimhe le blianta fada.

AN TIMIRE AGUS
AN TUACHTARAN

Is ag ardfheis Chonradh na Gaeilge sa Spidéal sa bhliain 1980 a chuir mé aithne ar Nollaig Ó Gadhra den chéad uair ó thaobh na Gaeilge de, cé go raibh sé feicthe agam ar theilifís RTÉ roimhe sin, agus go deimhin d'fhreastail mé ar roinnt léachtaí dá chuid agus mé i mo mhac léinn i gColáiste Teicniúil Réigiúnach na Gaillimhe (nó GMIT an lae inniu).

I bhfómhar na bliana céanna, agus mé i mo bhall de chraobh Mhaigh Cuilinn den Chonradh, d'oibrigh mé le Nollaig, Seán Ó Drisceoil agus baill eile de choiste dúiche na Gaillimhe den Chonradh chun bus a eagrú don mhórshiúl a bhí ag an gConradh i mBaile Átha Cliath mar léirsiú in aghaidh easpa cláir Ghaeilge ar RTÉ. Ba é sin an léirsiú ina raibh Gwynfor Evans, uachtarán Plaid Cymru na Breataine Bige, ag siúl linn freisin.

Ach ba sa tréimhse a thosaigh mé ag obair leis an gConradh mar thimire, agus go háirithe ón am a d'oscail mé oifig de chuid an Chonartha in Áras na nGael, a chuir mé aithne i ndáiríre ar an bhfear.

Ba é nochtadh leachta ar uaigh Shean-Phádraic Uí Chonaire ceann de na chéad tograí a tháinig faoi mo chúram mar thimire, agus bhí Nollaig ag plé leis an togra seo thar ceann an choiste gnó. Mar aon le nochtadh an leachta, cúram a thit ar an bhfile Árannach Máirtín Ó Direáin, bhí tábhacht faoi leith leis an tsraith imeachtaí a eagraíodh mar chuid den chomóradh deireadh seachtaine sin. Bhí athoscailt Árus na nGael mar phríomhsprioc ag Conradh na Gaeilge i gcathair na Gaillimhe ag an am agus bhí Nollaig lárnach san obair seo chomh maith. Bhí an oíche shiamsaíochta a eagraíodh in Árus na nGael an deireadh seachtaine sin ar cheann de chéad imeachtaí de chuid chraobh athbhunaithe na Gaillimhe den Chonradh agus an chéad imeacht siamsaíochta a eagraíodh le fada an lá in Árus na nGael. Go deimhin bhí Nollaig féin páirteach sa tsiamsaíocht an oíche úd, agus é ag canadh an leagain Ghaeilge de 'Shliabh na mBan', más buan mo chuimhne.

Ós rud é go raibh an bheirt againn lonnaithe i gcathair na Gaillimhe, is minic a bhíodh muid ag plé le gnéithe d'obair an Chonartha a bhain leis an iarthar agus le cúrsaí Gaeltachta go háirithe. Ag an leibhéal áitiúil nó náisiúnta ní fada thú i gcomhluadar Nollaig gan é do do spreagadh faoi thábhacht na Gaeltachta.

Bhí eolas dochreidte ag Nollaig ar an tír, idir cheist na Gaeilge, na staire, cúrsaí polaitíochta agus cultúr na tíre trí chéile. Bhí sé fiosrach agus spéis aige sna 'scéalta beaga', scéalta ba mhinice a thug níos mó eolais ná na scéalta móra maidir le ceist staire nó polaitíochta. Ní raibh leisce ar Nollaig an t-eolas seo a roinnt, agus is cuimhin liom go háirithe turas a thugamar le chéile ag tús an tsamhraidh sa bhliain 1993, bliain chomóradh céad bliain Chonradh na Gaeilge. Bhí mé ag plé le hócáid a bhí á heagrú i gCora Droma Rúisc i gContae Liatroma (ag ceiliúradh obair an Athar Ó

Flannagáin) agus bhí Nollaig mar aoichainteoir ann. Ón am a d'fhágamar Gaillimh nó gur bhaineamar ceann scríbe amach, agus ar an turas abhaile, ní raibh bóithrín ná baile fearainn nach raibh eolas ag Nollaig orthu agus scéal aige faoi dhuine nó eachtra a bhain leo. Chuir Nollaig tús leis an gcomhrá faoi gach ceann díobh leis an ráiteas, 'Ar ndóigh, tá a fhios agat cé a bhí ina chónaí ansin', nó, 'agus tá a fhios agat céard a rinne siad', agus mise ag freagairt, '*No*, Nollaig, níl a fhios agam, ach abair leat.' Agus m'anam le Dia, thugadh sé freagra orm ag iarraidh m'aineolas agus easpa tuisceana ar an tír agus a sinsir a ruaigeadh.

Ní i gcónaí a chuirtí fáilte roimh an saibhreas eolais a bhí ag Nollaig agus an fonn a bheadh air an t-eolas seo agus a thuairimí a roinnt, agus ba mhinic uachtaráin an Chonartha á gcur soir aige ag cruinnithe de chuid an choiste ghnó. Bhí claonadh air dul ar seachrán uaireanta ó pé ábhar a bhí á phlé, in ainneoin cumas thar na bearta aige anailís chruinn a dhéanamh, agus cumas aige a bheith fadcheannach agus tionchar fadtéarma na gcinntí sin a aithint. Is cuimhin liom go háirithe an foláireamh a thug sé ag cruinniú de chuid an choiste gnó maidir leis an mbaol a bhain le maoiniú earnáil na Gaeilge a chur faoi chúram Fhoras na Gaeilge, mar go mbeadh an Foras á riar faoi smacht áisíneacht trasteorann agus na himpleachtaí a bhain leis sin. Is cuimhin liom é ag rá go sonrach go mbeadh maoiniú na Gaeilge faoi smacht earnáil pholaitiúil sa Tuaisceart a bheadh naimhdeach don teanga agus a bheadh ag iarraidh cosc a chur ar mhaoiniú na teanga. Ag breathnú ar an staid reatha is féidir a mhaíomh gur tháinig an tuar ar an tairngreacht sin.

Cosúil le go leor daoine eile, ba mhinic mé ag fáil glaonna fóin ó Nollaig agus ba mhinic gur glaoanna fada iad! Ba mhinic freisin nár bhain siad le gné ar leith de mo chlár oibre, agus go deimhin ba mhinic mé do mo cheistiú féin ina dhiaidh céard ba chúis leis an nglaoch? Ach is cinnte, mar thoradh ar an gcomhrá, go mbeadh biadán an bhaile bhig agus an bhaile mhóir agam: cé a bhí ag suirí le cé, idir lucht polaitíochta, lucht gnó, lucht oideachais, pobal na Gaeilge agus go deimhin pobal na tíre trí chéile.

Ach is cuimhin liom glaoch faoi leith a fuair mé uaidh in earrach na bliana 2004, agus a ráiteas, 'Táim chun seasamh.' 'Seasamh le haghaidh céard?' arsa mise leis. 'An uachtaránacht – uachtaránacht an Chonartha.' Ní cuimhin liom cén freagra a thug mé air ach thug sé faoi fheachtas toghchánaíochta le faobhar agus teagmháil á déanamh aige le gach craobh sa tír agus é ag cur ceist shimplí ar gach duine acu: 'An dtabharfá vóta dom'? Bheadh sé fíor le rá nárbh é Nollaig rogha na coitiantachta ag tús an fheachtais sin, ach nuair a bhí na vótaí comhairthe againn in Óstán an Old Ground in Inis, ba ormsa a thit sé mar cheann comhairimh an toghcháin a chur in iúl do Nollaig go raibh sé tofa mar uachtarán ar Chonradh na Gaeilge.

Bhí Nollaig an-ghníomhach mar uachtarán agus é i gceannas ar an eagraíocht i mbliain an-chinniúnach don Ghaeilge, le linn an fheachtais chun stádas iomlán don Ghaeilge a bhaint amach san Aontas Eorpach. Bhain sé leas as na cairde polaitíochta agus cairde eile a bhí carntha aige agus bhí gaol oibre an-láidir agus an-tairbheach aige le hard-rúnaí an Chonartha ag an am, Aoife Ní Scolaí. Tá a fhios agam freisin gur bhain sé an-sásamh as an turas a thug sé go Meiriceá agus é ina uachtarán.

Tréimhse bliana a chaith Nollaig ina uachtarán ar an eagraíocht ach lean sé leis an obair don Ghaeilge ina dhiaidh ar ndóigh agus é fós i mbun litreacha a scríobh nach mór go dtí lá a bháis.

Ní féidir trácht a dhéanamh ar shaol agus ar shaothar Nollaig Uí Ghadhra gan trácht a dhéanamh ar a shláinte, agus na dúshláin a chothaigh na fadhbanna sin, go háirithe i mblianta deiridh a shaol. Is cinnte gurbh iomaí duine eile a mbeadh ceist na Gaeilge, agus chuile cheist eile, caite uathu agus iad isteach agus amach as ospidéal, iad seasta faoi chúram dochtúra nó ag teacht chucu féin ó mhórobráid. Ach is é an chuimhne is mó atá agam ar Nollaig sa tréimhse sin ná a mhisneach, a chumas fanacht buille ar bhuille le cúrsaí an tsaoil agus go deimhin, uaireanta, greann a bhaint as an staid ina raibh sé. Is cinnte nár lig sé do na fadhbanna sin bac a chur ar a chuid oibre, a chuid smaointeoireachta, a spreagadh ná a cháineadh. Is cinnte freisin gur choinnigh sé fir agus mná poist na tíre gnóthach lena mbeartáin litreacha laethúla, gan trácht ar mheaisín cóipeála Árus na nGael.

Ba mhinic agus mé ag fágáil Ospidéal Ollscoile na Gaillimhe, tar éis cuairt a thabhairt ar Nollaig, ag smaoineamh liom féin go raibh a shláinte ag teip go mór, ach ansin ar an gcéad chuairt eile bheadh sé ina shuí suas sa leaba agus é ag trácht ar na cuairteoirí a bhí istigh go dtí é le cúpla lá. Is cuimhin liom go háirithe an sásamh a bhain sé as cuairt Sheáin Uí Allmhuráin, a chomh-Chonraitheoir as Luimneach.

Sa deireadh ar ndóigh, tháinig an lá i mí Lúnasa na bliana 2008 nuair nár leor misneach agus spiorad Nollaig agus d'imigh sé uainn. Airím uaim i gcónaí é.

REGINA UÍ CHOLLATÁIN

Ceannasaí Scoil na Gaeilge, an Léinn Cheiltigh agus an Bhéaloidis i gColáiste na hOllscoile Corcaigh. Conallach ó dhúchas a chaith blianta ag múineadh ina contae dúchais, i Laois agus i gCeatharlach. Suim ar leith aici i ré na hAthbheochana agus sna meáin chumarsáide Ghaeilge.

SEOLADH AN "TSOLAIS"

Pribhléid an-mhór a bhí ann a bheith tofa mar chomharba
de hÍde agus na fathaigh eile a thug teanga na Gaeilge,
stádas na Gaeilge agus cúis agus cearta na Gaeilge agus
lucht a labhartha ar ais ón bhás ó 1893 ar aghaidh, tráth a
raibh sé cinnte ar bhruach na huaighe. Níl deireadh leis an
bpráinn fós, ach is mór idir inné agus inniu sna cúrsaí seo
agus is cinnte nach bhfuil comparáid ar bith idir an staid
ina raibh an teanga náisiúnta in 1893 agus scéal an lae
inniu, nuair atá stát Éireannach tar éis comhchearta agus
lánaitheantas a bhaint amach don Ghaeilge in Aontas na
hEorpa – gradam nach bhfuil ag aon teanga Cheilteach
eile go dtí seo dála an scéil.[1]

Ina 'Aitheasc an Uachtaráin' anseo agus a thréimhse mar
uachtarán Chonradh na Gaeilge ag teacht chun críche, chuir
Nollaig Ó Gadhra síos ar bhuaicphointí na bliana agus ghabh
sé buíochas le gach duine a chuidigh leis i rith a thréimhse
uachtaránachta. Is sampla maith é seo de dhearcadh coitianta
Uí Ghadhra: freagracht á glacadh aige as a chomharbacht ar
thraidisiún láidir ceannaireachta a raibh idir uachtaráin

---

[1] '15. Aitheasc an Uachtaráin. Óráid Ardfheise ó Uachtarán Chonradh na Gaeilge,
Nollaig Ó Gadhra, 2005, Coláiste na hOllscoile, Corcaigh', Conradh na Gaeilge, Ard-
Fheis 2006, 82.

Chonradh na Gaeilge agus uachtaráin na hÉireann mar chuid de. Ba i rith na tréimhse seo a chéadbhuail mé le Nollaig Ó Gadhra cé gur mhothaigh mé go raibh aithne mhaith curtha agam ar an cheannaire seo trína scríbhinní roimhe sin. Bíodh gur aontaigh mé nó nár aontaigh mé lena smaointe i gcónaí, ba léir gur intleachtóir iriseoireachta é a raibh bunús fiúntach lena chuid argóintí i gcónaí. Mheas mé gur fhathach Gaeilge agus iriseoireachta a bhí ann agus ar an ábhar sin a thug mé suntas don dóigh ar thagair sé dá ról i dtuairisc seo na hardfheise. Bhí dearcadh fadradharcach aige ar an obair ilghnéitheach, iltoiseach a bhí idir lámha aige agus é ag plé le cúrsaí polaitíochta, teanga, eacnamaíochta agus sóisialta. Cé gur chuir sé an-bhéim ina shaol ar chur chun cinn na teanga, na litríochta Gaeilge agus na Gaeltachta féin, thuig sé fearann fairsing na hearnála Gaeilge mar chuid de dhlúth agus d'inneach shochaí na hÉireann, na hEorpa agus an domhain mhóir. Tugann blaiseadh de na hábhair ar sheas sé ar a son léargas ar fhathach mór seo na Gaeilge agus na hiriseoireachta. Ina measc tá cás léann na Gaeilge agus an léinn Cheiltigh i dtíortha na Gearmáinise, comóradh céid Mháirtín Uí Chadhain, ballraíocht na mbord stáit, cúrsaí staire, litríocht na Gaeilge agus, ar ndóigh, na meáin Ghaeilge mar a raibh ról maighdeogach aige i mbunú an chéad stáisiúin teilifíse Gaeilge, Teilifís na Gaeilge (TG4), mar aon leis an phoiblíocht a thug sé do Raidió na Gaeltachta. Thuill sé aitheantas ó neart scoláirí Gaeilge agus Ceiltise chomh maith, agus ó phearsana móra na Gaeilge agus na hÉireann, taoisigh na hÉireann agus scoláirí aitheanta náisiúnta agus idirnáisiúnta ina measc. Cé nár nós le Nollaig Ó Gadhra aon fhiacail a chur ina mbíodh le rá aige, tuigeadh gur iriseoir agus gur duine cothrom, stuama a bhí ann. Is léiriú í an litir a fuair sé ó Reg Hindley (3 Samhain 2006) ar an chothromaíocht a léirigh sé a chuir daoine ar a gcompord leis. Sa litir seo tá Hindley ag cur in iúl dó go ndearna sé botún teideal *The Death of the Irish Language* a chur ar a leabhar agus é ag admháil fosta '[that]the constructive impact of economic prosperity on language attitudes does however seem real everywhere in Ireland' agus leabhar David Williams *The Pope's Children* á ríomh aige leis:

> *Lá* interviewed me over the phone at some great length . . . but think they expected me to declare all efforts for the language as wasted. The journalist sounded a bit disappointed when I praised the work and how much has been achieved. The title of my book was, in retrospect, a bad mistake. I meant it to provoke people into reading it but it had the opposite effect on some people for whom I have a fair respect . . . They thought it offensive so only glanced through it for the bits they didn't like. Sadly no-one hostile seems to have attended the Dublin meeting, and all the questions were intelligently fair and thoughtful. I had hoped for at least a few indignant or denunciatory ones, if only to rebut them.[2]

Críochnaíonn Hindley an litir ag gabháil buíochais ó chroí le Nollaig Ó Gadhra as a rialta agus a choinníonn sé é ar an eolas faoi chúrsaí teanga: 'I don't thank you often enough for the updating that you so regularly maintain for me, so want to do it now – before I once again forget. The forgetfulness gets worse with age but the thanks are heartfelt.'[3]

---

[2] Litir ó Reg Hindley chuig Nollaig Ó Gadhra, 3 Samhain 2006.
[3] Ibid.

Ba mhinic a d'aithin mé féin faobhar na hinchinne sin agus é do m'uasdátú féin ar imeachtaí tábhachtacha nach mbeinn ar an eolas fúthu murach a chomhfhreagras rialta nuair a thiocfadh beart bileog tríd an phost le seoda beaga eolais ina measc. Sampla de seo ná an tsúil ghéar a choinníodh sé ar imeachtaí na sochaí i gcomhthéacs na Gaeilge, agus bhí fiosracht intleachtúil an iriseora go smior ann. Mar shampla, nuair a ceapadh na boird úra den Chomhairle Aireachta Thuaidh Theas i mí na Nollag 2007 rinne sé iniúchadh eolgaiseach ar bhaill uile bhord nua Fhoras na Gaeilge agus Boord o Ulstèr-Scotch. Spreag a chur chuige fiosracht ionam féin agus mé ar thóir a scríbhinní iriseoireachta féin cibé in irisleabhair nó i nuachtáin a bhí siad. Mar shampla is alt le háireamh é 'The Future of Irish' a scríobh sé in *Studies: An Irish Quarterly Review* i Nollaig na bliana 2001 ina ndéanann sé anailís chuimsitheach ar staitisticí Gaeilge a bhí ábhartha fós nuair a foilsíodh tuarascáil ar an Ghaeltacht i 2007. San alt seo soláthraíonn sé eolas úsáideach a leanann forás agus forbairt choincheap na Gaeltachta, agus cuireann sé tuairimí maithe chun cinn ar conas dul i ngleic le straitéis úr rialtais a thógfadh na ceantair Ghaeltachta amach ó dhuibheagán an éadóchais agus ar aghaidh chuig ré nua an tsolais:

> Part of the problem here, of course, is economic. And the fact that successive Irish governments since the 1970s were happy enough to include all Gaeltacht areas within the state as 'disadvantaged areas' at a time when Regional, Structural, and other EC policies applied pretty uniformly throughout Ireland. Nobody in the Dublin Government made a special case for the Gaeltacht as a separate region or development problem that would have social, cultural,

educational and linguistic criteria built in, as well as economic, planning and industrial development functions.[4]

Ní mór a chur san áireamh fosta gur aithníodh mianach an scríbhneora i dtuairimíocht Uí Ghadhra agus ailt dá chuid bunaithe ar chaint a thug sé in Ollscoil Harvard foilsithe aige fosta. Chomh fada siar le Lúnasa 1982 bhí sé chun tosaigh sa phlé ar na meáin Ghaeilge a chothaigh sé le hailt ar nós 'Cúrsaí Craolta in Éirinn' in *Comhar*, cuir i gcás. I 1978, nuair a lorg sé cead a thuarascáil 'Election to the European Parliament comparative study' do RTÉ a fhoilsiú i nGaeilge, léirigh sé an cheannródaíocht a leagfadh an bealach ar ball don aitheantas a tugadh don Ghaeilge mar theanga oibre san Eoraip.

Ina phost mar léachtóir ar an iriseoireacht agus ar chúrsaí Eorpacha chuir Nollaig Ó Gadhra síolta na dtuiscintí nua-aimseartha ar cad is iriseoir gairmiúil ann, ar cad is brí le hiriseoireacht cheart ar ardchaighdeán agus ar cad ba bhrí le ballraíocht na hÉireann san Aontas Eorpach. Ba chuid leanúnach den dioscúrsa ar chloígh sé leis ná ról agus tionchar Éirí Amach 1916 ar shochaí na hÉireann agus ar an domhan iomlán. Níor nós leis riamh cloí le dearcadh coimeádach, cúng. In alt dá chuid i 1991 dar teideal 'Cá ndeachaigh an Aisling', cuir i gcás, cuireann sé an cheist, 'Maidir leis an áit ag Éirí Amach na Cásca i stair na tíre, agus an domhain, cad is féidir a rá?'[5] San alt seo ceistíonn sé cur chuige tráchtairí éagsúla, an tAthair Shaw go háirithe. Déanann sé mionanailís fosta ar alt leis an Dr Gearóid Mac Gearailt in eagrán comórtha *Studies* i 1966 a dtagraíonn sé dó mar 'an rud is suntasaí ar tháinig [sé] air nuair a bhí [sé] ag cuartú foinsí le

---

[4] 'The Future of Irish', *Studies. An Irish Quarterly Review*, Nollaig 2001, 433.
[5] Nollaig ó Gadhra, 'Cá ndeachaigh an Aisling?' *Comhar*, Aibreán 1991, 16-17.

comparáid a dhéanamh idir an méid a dúradh glúin ó shin agus dearcadh an lae inniu.' An ghné is suntasaí faoi alt seo Uí Ghadhra i 1991, áfach, ná a léamh féin a léiríonn an gá le tuairimíocht athbhreithnithe stuama chun claochlú a dhéanamh ar sheantuiscintí agus ar sceon Éirí Amach 1916. Tagraíonn sé do shaothar Robert Kee *The Green Flag* chun Éirí Amach na Cásca a chomhthéacsú mar eachtra a raibh impleachtaí móra aige d'Impireacht na Breataine Móire agus ar Éirinn araon ach molann sé plé oscailte a aithníonn gach dearcadh. Is fiú an sliocht seo a athléamh a bhfuil stíl an ghrinn á cleachtadh aige ann fosta chun sonc 'faoi thalamh' a thabhairt do ghnéithe áirithe an chliarlathais shóisialta agus oideachais chomh maith:

> Ní chreidim gur fearann cosctha ag an staraí eachtra 1916. Go deimhin féin, is é an príomhéileamh atá á dhéanamh agam ná go bhfuil gá agus géarghá le hathscríobh macánta ar iliomad gnéithe de scéal 1916 agus iarrachtaí éagsúla na hÉireann chun saoirse agus neamhspleáchas a bhaint amach. Ná níor cheart neamhaird a dhéanamh den méid a scríobh an tAthair Shaw ach an oiread. Ollamh le Gaeilge (an seanchineál gan amhras!) a bhí ann. Réamannach go smior a bhí ann, déarfainn, Réamannach Gaelach – agus bhí a leithéid ann. Ní miste insint shoiléir ar an léargas staire atá acu siúd a bheith ar fáil freisin fiú má tá sé ceangailte isteach san aiste seo le hionsaí gangaideach ar an bPiarsach, fiú mura bhfuil i gcuid mhaith de na hargóintí ach pointí scorála atá seanchloiste agus seanphléite againn. Is é an rud is mó a chuireann olc ormsa ná gur beag nach bhfuil port an Athar Shaw ina bhíobla anois ag glúin óg múinteoirí ach go háirithe. Fiú don té sách liobrálach le fáiltiú roimh an léargas áirithe seo mar leagan amháin de phort ár staire, ní féidir leis gan a bheith buartha

faoin easpa port de chineál ar bith eile sa chonspóid seo faoi 1916 agus ar lean.[6]

Míníonn sé ról an Chonartha agus na Gaeilge i múnlú shochaí na hÉireann nuair a phléann sé Éirí Amach na Cásca in alt eile dá chuid i 2006, cúig bliana déag tar éis dó tuairimíocht Shaw agus an Ghearaltaigh a ríomh. Aithnítear forbairt a scríbhneoireachta agus a smaointeachais anseo nuair a dhéanann sé comhthéacsú ar cheannairí an Éirí Amach. Léiríonn sé tábhacht an léinn agus an chultúir mar ghnéithe lárnacha de shochaí na hÉireann san fhichiú haois. An phríomhtheachtaireacht atá á fógairt anseo aige ná tionchar an Chonartha ar fhorbairt na féiniúlachta úire Éireannaí i rith an fichiú haois:

Is í fírinne an scéil nach raibh aon bhaint ag an Lucht Oibre, an páirtí a bhí faoi thionchar an Lucht Oibre Dhaonlathaigh agus ghluaiseacht na Chartists i Sasana ón tús leis an Éirí Amach, díreach mar nach raibh mórán bainte ag Sinn Féin, páirtí Airt Uí Ghríofa, leis an Éirí Amach ach an oiread. Lucht na Poblachta faoi thalamh, traidisiún na bhFiníní, a d'eagraigh Éirí Amach na Cásca agus a chuir an bheart réabhlóideach i gcrích. Tá sin ceangailte go deo le saol agus saothar Phádraig Mhic Phiarais mar gur thogh a chomhdhream comhcheilge é mar chéad uachtarán ar an bPoblacht Shealadach. Ach éinne a scrúdóidh an tréimhse go mion, nó a léifeadh a bhfuil scríofa ag staraithe macánta gairmiúla faoin scéal, ní fhéadfaidís gan a mheas, dar liom, gurbh é Tomás Ó Cléirigh, an sean-Fhinín, athair na comhcheilge agus inspioráid na haislinge ó 1867 i leith agus gurbh é, chomh maith, a d'earcaigh agus a thiomáin an chomhcheilg chun

---

[6] Ibid.

cinn trí Sheán Mac Diarmada, go háirithe . . . Cé gur fíor nach raibh aon bhaint dhíreach ag an gConradh leis an Éirí Amach féin, ach oiread le Sinn Féin, is ríléir gurbh í aisling an Chonartha a spreag formhór lucht na réabhlóide. Ní hamháin gur leag siad amach an cineál Éireann ba cheart a bheith ann feasta, ach chuir siad oiliúint ó thaobh léinn agus cultúir ar ghlúin óg nua na fichiú haoise faoi conas dul ina bhun, fiú má bhí an impireacht ba mhó ar domhan i ngreim scornaí fós orainn.[7]

Is í an anailís ghéarchúiseach seo atá ina buneilimint dá scríbhinní iriseoireachta i gcoitinne, gné atá soiléir fosta ina leabhar iomráiteach *Civil War in Connacht 1922-1923*. Le bliain anuas, le comóradh céad bliain Éirí Amach 1916, tagraím go minic do shaothar agus do smaointe intleachtúla Nollaig Uí Ghadhra agus is léir go mbeidh neart ábhar eile agam uaidh le tarraingt air agus muid ag druidim i dtreo chomóradh céad bliain bhunú an Stáit. Is casadh íorónta i scéal a bheatha féin go bhfuil a shuaitheantas féin leagtha aige ar chomóradh céad bliain 1916 trína scríbhinní féin ar iriseoireacht na hÉireann agus ar chruthú na sochaí Éireannaí a dtagraíonn sé dó sna sleachta ar 1916.

B'in mar a d'fheidhmigh Nollaig Ó Gadhra – é ag faire amach d'aon chor agus d'aon mhaitheas sa chóras agus d'aon chur chun cinn a d'fhéadfadh sé a dhéanamh chun pobal na Gaeilge a neartú ag leibhéal na teanga, na heacnamaíochta agus na luachanna cultúrtha. D'fheidhmigh sé ag leibhéal níos airde ná leibhéal an ghnáthiriseora, áfach, agus é ag streachailt le cúrsaí sláinte, agus go háirithe i dtreo dheireadh a shaoil bhí neart dúshlán le sárú aige. Mar sin féin níor lig

---

[7] Nollaig Ó Gadhra, 'Cad a d'imigh ar an 'Irish' dimension? Éirí Amach na Cásca', *Feasta*, Aibreán 2006, 19-22.

sé do chúrsaí sláinte an lámh in uachtar a fháil ar a dhearcadh saoil agus ar ghéire a inchinne, agus lean sé leis. Is teist iad, ar ndóigh, na gradaim a bronnadh air i rith a shaoil ar an urraim a tugadh dó, Gradam an Phiarsaigh ina measc. Bhí sé de phribhléid agam freastal ar ócáid an bhronnta seo agus murach na bindealáin ar a chosa an oíche sin ní thuigfeadh éinne an drochbhail a bhí air tar éis obráid ollmhór. Ghlac sé ról an iriseora go croí arís eile agus é ag feidhmiú mar scéalaí pobail ag an ócáid cheiliúrtha seo – ainneoin na ndeacrachtaí fisiciúla agus é i gcathaoir rotha ag an am. An iarraidh seo, scéal i bhfóram cló a bhí in úsáid aige. Thug sé féin bileog do gach duine againn a d'fhreastail ar an ócáid agus is bileog í seo atá coinnithe agam ó shin agus an scéal atá ann á insint agam mar dhea-shampla de dhearcadh dearfach saoil go minic. Ar thaobh amháin an leathanaigh tá an dán 'Ná Téigh in Arm ar Bith!!' a ríomhann scéal mic a bhfuil a chos caillte aige i mbun troda ar son a thíre agus a thugann le fios nach aon chúis náire dó an chos a bheith caillte aige dá bharr sin. Ar an taobh eile den bhileog insítear scéal Sudha Chandran – scéal ar fiú é a athléamh anseo:

> Sudha Chandran, a contemporary classical Indian dancer, was cut off in the prime of her dancing career – quite literally, for her right leg had to be amputated. After she had been fitted with an artificial leg she went back to dancing and, incredibly, made it right back to the top again. When asked how she had managed it, she said, quite simply, 'You don't need feet to dance.'

Agus sin go baileach an mana a chleacht Nollaig Ó Gadhra: ná féach ar na constaicí, féach ar na féidearthachtaí agus bain triail astu . . .

Mar fhocal scoir ba mhaith liom bunús theideal an phíosa seo a mhíniú, mar is anseo a thosaíonn an t-aistear a raibh sé de phribhléid agam féin a thaisteal le Nollaig Ó Gadhra. Tugann teideal an phíosa seo cuimhní de thréimhse speisialta i mo shaol i gcuimhne dom mar is é seo an teideal a bhí ar an phíosa san *Irish Times* (24 Samhain 2004) nuair a fógraíodh seoladh mo chéad leabhair, *An Claidheamh Soluis agus Fáinne an Lae 1899-1932* (2004). Ba é Nollaig Ó Gadhra agus Émer Ní Scolaí a mhol go ndéanfadh Conradh na Gaeilge an seoladh. Cé nach raibh aithne phearsanta agam air roimhe sin, chuir mé an-spéis sa chur chuige a bhí á ghlacadh aige ag an am mar uachtarán Chonradh na Gaeilge. Ba é Nollaig Ó Gadhra ansin a thoiligh an leabhar a sheoladh dom ar an 27 Samhain 2004. Ba é seo an chéad uair ar bhuail mé leis. Ócáid mhór i mo shaol a bhí ann ach fiú agus mé tar éis na blianta a chaitheamh i mbun taighde ar an leabhar, ba léir dom an tráthnóna sin nach raibh anseo ach barr bioráin i gcomparáid le stór eolais agus le gaois Uí Ghadhra. D'iompaigh an treoir a bhí á glacadh agam ó thuras stairiúil go turas saoil agus bhí ról nach beag ag caint Uí Ghadhra ar an athrú treorach sin. Caint spreagúil eolgaiseach a thug sé agus é i mbarr a mhaitheasa ag an am.

Níor thug sé i bhfad orm a thuigbheáil an tráthnóna sin go raibh mé i gcuideachta laoch na hiriseoireachta agus fhathach na Gaeilge, macasamhail cheannairí Éireann a tháinig roimhe. De bharr an saineolas a bhí aige ar an ábhar, thuig mé go raibh neart nach raibh ar eolas agam féin agus ar ghá tabhairt faoi chun scéal iomlán iriseoireacht na Gaeilge a ríomh ó chleachtaí pinn go próisis ghairmiúla an iriseora Ghaeilge san fhichiú haois agus san aonú haois is fiche. Bhí an comhthéacsú a rinne sé ar staid na meán Gaeilge trí chéile ag an am tomhaiste, machnamhach – agus géar. Saineolaí, staraí, soiscéalaí, scéalaí pobail, agus sár-iriseoir in aon phacáiste amháin. Agus an chaint á tabhairt aige is cuimhin liom gur thagair sé go sonrach don chéad eagarfhocal ar *An Claidheamh Soluis* (18 Márta 1899) inar luaigh an tAthair Peadar Ó Laoghaire an gá le faobhar na hiriseoireachta. Seo píosa den eagarfhocal tosaigh sin ina phléitear teideal chéad nuachtán na Gaeilge:

Is mór an obair atá roimis an gClaidheamh. Ní mór dó faobhar maith do bheith air. Ní dhéanfadh claidheamh maol an gnó go deo. Ní foláir dó i dteannta an fhaoibhir, an béul do bheith cruaidh aige. Is iomdha gad righin agus fadharcán daingin a bheidh le gearadh [sic] aige agus mura mbeidh an béul cruaidh aige is géar go mbeidh sé meanntach. Is beag an tairbhe claidheamh meanntach, ach ní baoghal do'n chlaidheamh so ... Tabharfidh se solus uaidh féin do'n t-é a beidh 'gá ramsáil ... Tabharfidh sé solus do shúil an t-é a bheidh 'gá úsáid, eolus d'aigne, agus neart d'á chuislinn ... Siniad ámh, an dá bhuadh is mó ag an g-claidheamh so .i. Faobhar agus solus. Faobhar chum na coíle do ghearadh agus solus chun an fhaoibhír do chur i bhfeidhm.[8]

B'fhear é Nollaig Ó Gadhra a raibh faobhar ar a ghuth agus ar a smaointe agus a thuill meas agus cáineadh in amanna dá réir. Thuig sé gairm an iriseora agus léiríonn obair a shaoil mar léachtóir, mar dhíograiseoir agus mar cheannaire ghluaiseacht na Gaeilge, a ghlac ról ceannródaíoch – i mbunú TG4 go háirithe – an tionchar a bhí aige ar agus an t-ionchur a bhí aige i saol na Gaeilge lena linn agus a leanann ar aghaidh i gcónaí. Anuas air sin, áfach, ní minic a aithnítear

---

[8] *An Claidheamh Soluis*, 18 Márta 1899, 3.

an díograis a chaith sé le gréasán cumarsáide agus smaointeoirí a chothú agus é ag iarraidh an pobal a chur ag machnamh ar bhealaí straitéiseacha struchtúrtha chun sochaí na hÉireann a dhéanamh níos Gaelaí ar bhonn stuama forásach a d'aithneodh na féidearthachtaí a bhí ann chun na teorainneacha a thrasnú.

Níl san alt gairid seo ach blaiseadh de léiriú ar an tionchar a bhí ag Nollaig Ó Gadhra ar iliomad scoláirí, iriseoirí agus díograiseoirí teanga, agus is cinnte go raibh baint nach beag aige leis an phlé a rinneadh ar chomóradh 1916 – scríbhinní atá chomh feiliúnach don phlé sa lá atá inniu ann agus a bhí nuair a foilsíodh iad den chéad uair. B'iriseoir agus léachtóir é a thuig luach na scríbhneoireachta mar chleachtadh iriseoireachta agus sóisialta a rachadh i bhfeidhm ar an phobal agus ar an tsochaí. Tá a lán ceisteanna a thug Ó Gadhra chun solais fós le freagairt agus aithneofar é ar thráchtairí ceannródaíocha ár linne, de réir a chuid focal féin, a 'leag [. . .] amach an cineál Éireann ba cheart a bheith ann feasta' agus a 'chuir [. . .] oiliúint ó thaobh léinn agus cultúir ar ghlúin óg nua na fichiú haoise faoi conas dul ina bhun'. Agus tá an t-aitheantas cuí seo tuillte anois aige mar dhuine de 'na fathaigh eile a thug teanga na Gaeilge, stádas na Gaeilge agus cúis agus cearta na Gaeilge agus lucht a labhartha ar ais ón bhás ó 1893 ar aghaidh.' Is féidir a rá trí na scríbhinní agus an obair shaoil a d'fhág sé mar oidhreacht do na glúnta atá ag teacht ina dhiaidh gur scríobh sé feartlaoi dó féin agus gur chomhlíon sé a raibh ann agus é i mbun pinn agus i mbun tuairimíochta agus cumarsáide. Luachanna agus cleachtaí saoil a bhí mar bhunús an tsolais a d'fhág sé agus bhí sé ar na fathaigh a d'aimsigh an bealach nua do shochaí fhorbartha na hÉireann san aonú haois is fiche.

Leabhair Nollaig Uí Ghadhra

Gandhi (1969)

John Boyle O'Reilly agus an Glór Gael-Mheiriceánach (1976)

Éamann Iognáid Rís (1977)

Richard J. Daley: Méara Chicago (1979)

Guth an Phobail (1984)

Ríocht Roinnte (1985)

Éire agus Polaitíocht na hEorpa (1986)

Margáil na Saoirse (1988)

An Chéad Dáil Éireann agus an Ghaeilge (1989)

An Ghaeltacht (Oifigiúil) – agus 1992? (1990)

Civil War in Connacht 1922–23 (1999)

Sliocht óna fhocail bhuíochais ag Nollaig Ó Gadhra nuair a bronnadh Gradam an Phiarsaigh 2007 air, 24 Aibreán 2007

Tá an-fhaillí déanta in éagsúlacht an tsaothair a rinne an Piarsach le linn saolré a bhí gairid go maith. Is ceann de na hábhair bhuartha is mó i saol litríochta agus díospóireachta na tíre é an suíomh seo, dar liom. An dream ar theastaigh uathu droch-cháil a chaitheamh air, dhírigh siad a n-aird ar fad ar an gcúpla bliain míleata ag deireadh a shaoil, trína pháirt in Éirí Amach 1916, a phlé go claonta míghairmiúil agus gan tagairt dá laghad do chomhthéacs na linne nuair a bhí cogadh mór ar siúl san Eoraip inar maraíodh na céadta míle duine, le beannacht agus moladh ó chléir agus tuath.

Faillí d'aon ghnó atá ann ar an éacht a dhein sé i gcúrsaí dlí; forbairt na nua-litríochta; cúrsaí oideachais; san iriseoireacht agus i ndíospóireacht phoiblí, gan trácht ar a chuid oibre don Ghaeilge agus don Ghaeltacht. É sin ainneoin gur foilsíodh saothair acadúla faoi chúrsaí oideachais ag an Ollamh Séamas Ó Buachalla, beathaisnéis chonspóideach ag Ruth Dudley Edwards agus saothar breá i nGaeilge, bunaithe ar thráchtas PhD a d'fhoilsigh Regina Culleton faoin bPiarsach agus *An Claidheamh Soluis* in 2004, agus a raibh sé de phribhléid agam é a sheoladh nuair a bhíos im uachtarán ar Chonradh na Gaeilge.

Ach cé mhéad uair a chonaic muid Séamas Ó Buachalla nó Regina Culleton ar an *Late Late Show*? – chomh minic céanna le Ulick O'Connor, abair, a bhíodh ann go rialta tráth – ag cosaint na cúise ar a bhealach féin ach go raibh dubhliosta déanta ina choinne i ré seo na 'celebrities' in RTÉ. Dealraíonn sé go bhfuil dubhliosta eile ann fós i gcuid de na meáin phoiblí – go fiú amháin lucht cúrsaí reatha i TG4.

Bíonn sé deacair na rudaí seo faoi dhubhliosta a chruthú i gcónaí ach de thoradh an leabhair a scríobh John Horgan le gairid ina ndeir sé, gan labhairt liom, 'that Nollaig Ó Gadhra and Cian Ó hÉigeartaigh were rapped over the knuckles' ag coiste eagarthóireachta RTÉ i 1968. Tá a fhios againn an raic mhillteach a bhí ann chun Dr David Thornley a stopadh ó pháirt a ghlacadh sa díospóireacht faoi *Humanae Vitae* le linn na bliana céanna mar gur measadh é a bheith ina Chaitliceach ceartchreidmheach láidir a bhí dílis do theagasc an Phápa.